本书为江西省高校人文社会科学重点研究基地“宜春学院农村社会建设研究中心”资助项目研究成果

经济管理学术文库 • 管理类

领导风格、团队心理安全气氛与团队效能的关系研究

The Research on the Relations among Leadership, Team Psychological Safety and Team Effectiveness

吴志平／著

经济管理出版社
ECONOMY & MANAGEMENT PUBLISHING HOUSE

图书在版编目（CIP）数据

领导风格、团队心理安全气氛与团队效能的关系研究/吴志平著.—北京：经济管理出版社，2019.7

ISBN 978-7-5096-6695-1

Ⅰ.①领… Ⅱ.①吴… Ⅲ.①组织管理学—研究 Ⅳ.①C936

中国版本图书馆 CIP 数据核字(2019)第 124357 号

组稿编辑：曹　靖
责任编辑：张巧梅
责任印制：黄章平
责任校对：王纪慧

出版发行：经济管理出版社
（北京市海淀区北蜂窝 8 号中雅大厦 A 座 11 层　100038）
网　　址：www.E-mp.com.cn
电　　话：(010) 51915602
印　　刷：北京玺诚印务有限公司
经　　销：新华书店
开　　本：720mm×1000mm/16
印　　张：10.5
字　　数：171 千字
版　　次：2019 年 9 月第 1 版　　2019 年 9 月第 1 次印刷
书　　号：ISBN 978-7-5096-6695-1
定　　价：68.00 元

前　言

本书是作者在厦门大学管理学院就读企业管理专业博士时的理论成果，选题成立之初就尝试在组织管理理论丛林中选取较为成熟的课题作为衍生性理论研究。

作者发现，领导理论、团队理论是组织管理学研究的热点及成熟课题，领导风格与团队效能之间的关系研究取得了众多的理论研究成果，特别是变革型领导、交易型领导、放任型领导作为领导风格的三种划分维度已经成为许多学者用来研究领导理论的普遍工具。

但是，研究这三种领导风格对于团队效能影响特别是变革型领导及交易型领导对团队效能的真实影响并不深入。团队心理安全气氛作为团队气氛的一种，可能受领导风格的影响，并最终作用于团队效能。

因此，本书构建了领导风格、团队心理安全气氛、团队效能三者之间的研究模型，采用权变分析法的思路分析了不同领导风格对团队效能产生的真实影响，也分析了团队心理安全气氛在其中所起的中介作用。

考虑国内研究的不成熟及情境化的问题，本书特地编制了适用中国文化情境的团队心理安全气氛量表，探讨了团队心理安全气氛的结构维度，研究得出了团队心理安全气氛的四个维度：直抒己见、互敬互重、人际冒险、彼此信任。基于此，通过实证研究本书开发了适合中国情境的团队心理安全气氛量表。

作者在厦门、长沙、广州等地发放了个人问卷1060份，回收了625份，并最终形成了200份有效团队样本。本书通过探索性因子及验证性因子来分析领导风格（变革型领导、交易型领导、放任型领导）、团队心理安全气氛、团队效能

（团队绩效、团队满意度、在职意愿）等。

本书最后通过实证分析总结得出：放任型领导与团队心理安全气氛、团队效能的相关关系不显著，而变革型领导、交易型领导对团队效能正向影响显著，不过影响效果相差不大，说明中国情境下变革型领导、交易型领导同等重要，而非变革型领导明显优于交易型领导。团队心理安全气氛在领导风格作用团队效能的效果上起部分中介作用。研究也表明，因为研究条件的限制及研究的疏漏，产生了研究方面的不足，这也成为未来研究的方向。

本书提出以下针对管理实践活动的具体建议：

第一，建立重视团队效能的人力资源管理系统。从人力资源的工作分析开始，针对团队领导者的非固定性，一开始在挑选团队领导者及员工时就应考量变革型员工特质，选取那些能够放开思维从各种角度探索问题，能带动他人思考，能尊重、关心和信任成员，具有能冒险、肯担当、愿合作等行为特质的候选者，并把其纳入招募、选拔、培训及考评的计划之中，并在奖励激励中明确完成团队任务，将成为团队的具体考核目标。

第二，谨慎选择团队领导者。变革型领导、交易型领导皆为团队效能实现所需的领导风格。人格魅力特质影响变革型领导风格，权变理论要求领导者依需求调整领导风格。领导者必须有魅力影响成员，能启发团队成员智慧，再加上适时的报酬激励，就能使团队效能得到更大发挥。

第三，营造有利于互助合作的团队心理安全气氛。心理安全是团队互动后所产生的结果，如果塑造互助合作并具有积极人际冒险的团队文化，能够加速团队心理安全气氛及凝聚力，提供良好的学习气氛与环境，最终有利于团队效能的改善和提高。因此，领导者要重视团队心理安全气氛，让团队成员彼此信任、相互吸引，并达成一致的团队目标，进而有利于同心所向，达成良好团队效能。

本书的完成首先要感谢厦门大学博士生导师林志扬。本书的选题、框架及内容是在林老师的课堂上、研讨会中、谈话里、体育运动中一次次不断汲取营养、打磨和完善而成的。

感谢厦门大学管理学院的翁君奕老师、周星老师、郭朝阳老师、赵蓓老师、朱平辉老师、吴晓晖老师、黄炳艺老师、Maxell 先生精彩的课程演讲及对本书主要观点细致的点评和建设性的意见。

感谢王启亮、石冠峰、叶恒、唐杰、刘安琪、苏爱玲、萧勇平、谭凌波、祁飞，以及不能一一列举的同学及同门师兄弟、姐妹对作者的无私帮助。

感谢宜春学院及政法学院的聂火云院长和同事们，给了本书修正完善及出版的机会。还要向参与本书的出版社同志、朋友们表示感谢。

最后感谢无私奉献的家人！

由于作者水平有限，撰写及修正时间仓促，在理论和方法上尚处在进一步研究和探索阶段，所以书中错误和不足之处在所难免，恳请同行和读者不吝赐教。

目　录

第1章　导论

1.1　研究背景

领导者，是企业成功发展最重要的因素。领导理论也成为管理学研究的热点话题之一，从20世纪20年代的特质理论阶段开始，发展到20世纪50年代的行为理论阶段，再到20世纪70年代的权变理论阶段，其中在20世纪六七十年代出现了研究的鼎盛局面。

1978年，Burns在对政治型领导人进行定性分类研究的基础上，提出了变革型领导风格的概念。Bass（1985）发展了Burns的概念，正式提出变革型领导理论。此后的20年中，变革型领导理论占据了领导研究的中心地位（Dvir，Eden，Avolio & Shamir，2002）。

国内，变革型领导与交易型领导也成为当前领导理论研究的热点。变革型领导是通过领导者个人的人格力量与魅力来影响下属，并通过提升下属的需要层次和内在动机水平，激励下属不断地挑战与超越自我，为追求更高的目标而努力的过程。

交易型领导是领导者与下属之间通过工作任务与工作标准的确定，以明晰的奖惩机制来确保团队或组织目标完成的领导方式。

放任型领导是指领导者放手不管，下属愿意怎样做就怎样做，完全自由。

在组织理论中，三者的提出与研究是在统一领导理论中作为三个不同维度进行讨论的。一般认为，变革型领导是比交易型领导更为有效的领导方式，而放任型领导是无效或负效应的一种领导方式。然而从权变的观点出发，变革型领导与交易型领导的有效性还要受到情境因素、被领导者等因素的影响。

传统的企业组织一直为科层式组织结构所主导。近年来，企业越来越需要组织内所有成员相互沟通和协调，彼此分享与交流，促进组织成长，增加组织柔性，提高整体绩效，以迅速有效地适应组织外部环境的变化。这说明传统的科层式组织越来越不适应变化了的环境。企业管理层已经意识到越来越多的任务无法依靠员工个人的力量独立完成，只有依赖员工组成团队，集合团队中每个人的能力和特长，发挥团队力量才能协力完成。

另外，通过员工参与组织的决策与规划，可以增强员工对组织的认同感，激发工作潜能并提升员工的工作满足感，从而激励员工并提高员工的生产力。团队的观念越来越受到重视，团队的应用也越来越广泛，而高效能团队已成为组织实现目标、提高生产力和组织成功的关键所在。

近些年来围绕团队发展所进行的研究，并不能满足理解团队如何获得更高绩效的需求（Stout et al.）。迄今为止，对于团队管理中的各种不确定变量之间以及各变量与项目团队工作绩效之间相互关联的研究还很少，特别是领导风格与团队绩效之间的实证研究在国内外并不多见。从团队视角出发，分析领导风格对团队效能产生的影响如果采用权变分析法的思路，可以弥补国内研究在这一领域的不足。

多数研究表明，变革型领导对团队效能产生正向影响，部分学者主张有效能的领导者在不同情境下，会同时采用变革型领导与交易型领导两种领导风格方式。Bass 提出，在稳定、明确的背景下，采取交易型领导有利于提高组织（团队）工作绩效；但在变动的环境中，组织（团队）适合采取变革型领导。然而，与国外文献用权变分析法分析领导理论不同，国内文献却极少有关于交易型领导风格的研究，对于放任型领导的研究则更为鲜见，相关的实证分析也非常少，此方面研究存在尚待探讨之理论缺口。

本书希望探讨不同的领导风格对团队效能造成的影响。不同的领导风格对组织的工作效果会有不同的影响，然而领导风格究竟如何影响团队效能？

Edmondson 认为，团队成员若缺少心理安全，亦即团队成员当他们感觉在团队中畅所欲言存在危险（心理感觉），在此情境下会抑制团队学习，因而提出团队学习气氛取决于团队成员间是否存在心理安全气氛。另外 Edmondson 认为，团队学习可以直接作用于团队绩效。

有这样的传统观点：领导者确实能在团队中创造特定的氛围，例如公开、信任、畅所欲言等。过去研究亦证实，领导风格是心理安全气氛极为关键的前因变量。

综合以上文献，本书推断团队心理安全可能在领导风格与团队效能之间起中介作用。本书将通过问卷调查，用结构方程模式（SEM）分析团队心理安全在不同的领导风格对团队效能影响过程中所产生的中介效应。

总之，相对于其他学者之研究领导风格与团队效能间的直接效应，本书强调的是领导风格对团队效能能产生不同的影响。但并非完全来自于其直接效果，而是领导风格通过团队心理安全气氛间接影响团队效能。

截至目前，团队心理安全气氛之于领导风格与团队效能的中介效应极少被探讨与研究。本书将对比分析变革型领导、交易型领导、放任型领导三种领导风格类型对团队效能的影响，并将探寻团队心理安全气氛在三种领导类型中起到的中介效应。

1.2 研究内容与结构安排

1.2.1 研究内容

本书将探讨变革型领导、交易型领导、放任型领导对团队效能的直接效应。本书从厦门、泉州、长沙等大中型城市进行随机取样，对不同领导风格如何通过团队心理安全气氛影响团队效能进行实证研究。这将弥补相关研究的不足，进一步完善及发展领导及团队理论，并对企业的具体操作实践起到良好的借鉴意义。本书主要从以下几方面着手进行研究：

第一，首先进行文献梳理，把领导风格、团队心理安全气氛、团队效能三个变量之间相互有关联的文献进行梳理，探索三者之间可能存在的相互联系，并在理论及实证支持的基础上，提出三个变量之间相互关联的基本假设，以形成本书的探索问题，进一步构建本书的研究模型。

第二，通过国内外文献的整理，找出适合本书使用的领导风格、团队心理安全气氛、团队效能的研究量表，并在定量研究的基础上筛选及修正这些量表，最终形成供本书进行实证分析的有效研究量表。特别是结合研究需要，将补充开发适合中国文化情境的团队心理安全气氛量表。

第三，在理论研究的基础上，通过大样本的统计实证分析，对提出的理论假设逐一进行验证，并最终检验本书的研究模型。

第四，对得到的研究结果进行讨论，阐明本书所做的理论贡献以及在企业实务当中的借鉴作用，提出本书的不足之处及未来研究展望。

1.2.2 本书结构安排

本书共分为五章，分别是导论、文献综述、研究假设与研究设计、实证研究、研究结果及讨论，具体结构安排如图 1－1 所示。

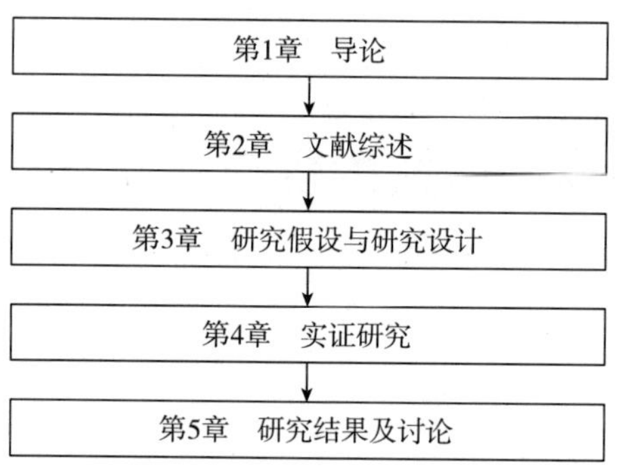

图 1－1　本书的结构安排

第 1 章是导论。首先介绍本书的研究背景；其次说明本书的主要研究内容及行文安排；再次阐述完成本书可能达到的研究目标；最后将对研究方法及研究意义做相关说明。

第2章是文献综述。主要对领导风格、团队心理安全气氛、团队效能的相关文献进行梳理，提出前人之研究不足，并阐明本书为什么选取三种不同领导风格与团队效能作为研究逻辑及团队心理安全气氛之于两者的关系，以及为什么选取团队心理安全气氛作为两者的中介变量。

第3章是研究假设与研究设计。基于文献及实证研究结果，首先，提出领导风格、团队心理安全气氛、团队效能三个变量之间的研究假设，并最终构造本书的研究模型；其次，根据研究需要，编制中国文化情境下的团队心理安全气氛量表；再次，对所有研究变量的操作性定义及结构维度给出详细说明；复次，阐明数据收集的整个过程；最后，介绍数据处理的有关分析方法。

第4章是实证研究。首先，对合格样本的基本资料进行详细说明；其次，对所有数据的信度与效度进行统计分析；最后，用统计方法对研究假设进行相关验证。

第5章是研究结果及讨论。首先，对得到的所有研究结果进行总结；其次，由实证分析结果指明本书的理论及实践意义；最后，阐明本书尚存的缺陷与不足，并对后续研究提出展望。

1.3 研究目的与意义

1.3.1 研究目的

如上所述，本书主要探讨领导风格、团队心理安全气氛与团队效能之间的关系。目的是在前人研究的基础上，把领导风格理论置于团队情境下探讨其有效性，检验团队心理安全气氛在领导风格和团队效能之间是否具有中介效应。在研究过程中，把对这种中介效应的研究放在中国情境的背景下进行，从而比较分析变革型领导、交易型领导及放任型领导在中国情境下的适用性。

1.3.2 研究意义

理论意义：首先，通过理论及实证分析团队心理安全气氛作用团队效能的直接效应；其次，验证团队心理安全在变革型领导、交易型领导、放任型领导作用团队效能关系间所起的中介作用；最后，用实证分析法检验在中国情境下，变革型领导、交易型领导、放任型领导作用团队效能的直接效应，对比分析变革型领导、交易型领导、放任型领导之于团队效能的直接作用。因此，本书对于领导风格有效性的权变分析理论将会有一定的补充作用。

实践意义：对中国管理实践中究竟偏重于什么样的领导风格将具有很强的借鉴意义。在中国管理实践过程中，特别是改革开放 40 多年来，中国的企业发展很快，不过，在企业管理的领导风格适用性上并没有一定偏好。并且，对于团队中领导风格类型应用及团队气氛的营造，还存在一定的盲点。本书将对这些问题进行仔细分析，以期对企业管理实践有一定借鉴意义。

本书还将讨论到底是理论优先还是实践优先这样的问题。学术研究中，变革型领导是优于交易型领导及放任型领导的一种领导风格类型，但是，从中国企业管理实践中，能发现不少领导者大都是交易型领导甚至放任型领导风格类型，并且这些企业或团队的绩效还不错，这又怎么用理论来解释呢？

本书探讨现实中交易型领导或放任型领导作用组织/团队效能的直接效应将显得真实及接地气，对企业管理实践有着良好的理论指导作用。因此，本书将揭示这三种领导风格类型在团队中的具体表现，以确定何种领导风格或何种领导风格组合比较适宜中国企业管理实践。

第 2 章　文献综述

2.1　团队效能

组织理论丛林中，对于“组织”和“团队”的研究和探讨是不胜枚举的。但到底两者有何区别与联系？本书为什么只是探讨团队效能（Team Effectiveness），而非组织效能？

这里有必要认识一下团队与组织的区别与联系。

2.1.1　组织的界定

从广义上说，组织是指由诸多要素按照一定方式相互联系起来的系统。从狭义上说，组织就是指人们为实现一定的目标，互相协作结合而成的集体或团体，如党团组织、工会组织、企业、军事组织等。狭义的组织专门是指作用于社会管理之中的人类群体。

现代社会生活中，组织是人们按照一定的目的、任务和形式编制起来的社会集团，组织不仅是社会的细胞、社会的基本单元，而且可以说是社会的基础。

从引证中也可以看到组织在现代概念中发展的内涵：

（1）经纬相交，织作布帛。《吕氏春秋·先己》“《诗》曰：‘执辔如组’”汉高诱注：“组读组织之组。夫组织之匠，成文於手，犹良御执辔於手而调马口，以致万里也。”

宋朝欧阳修《酬学诗僧惟晤》诗：“又如古衣裳，组织烂成文。”

《辽史·仪卫志二》：“太祖仲父述澜……始置城邑，为树艺、桑麻、组织之教，有辽王业之隆，其亦肇迹於此乎！”

（2）织成的织物。南朝（梁）刘勰《文心雕龙·诠赋》：“丽词雅义，符采相胜，如组织之品朱紫，画绘之著玄黄。”

《隋书·何稠传》：“波斯尝献金緜锦袍，组织殊丽，上命稠为之。”

（3）指诗文的造句构词。南朝（梁）刘勰《文心雕龙·原道》：“雕琢情性，组织辞令。”

唐朝孟郊《出东门》诗：“一生自组织，千首大雅言。”

宋朝陆游《答邢司户书》：“退而组织古语，剽裂奇字，大书深刻，以眩世俗。”

清朝黄遵宪《陈葵献偶刻诗文序》：“周元公曰：‘文所以载道也。’今人无道可载，徒欲激昂於篇章字句之间，组织纫缀以求胜，是空无一物而饰其舟车也。”

（4）安排；整顿。元朝姜个翁《霓裳中序第一·春晚旅寓》词：“园林罢组织，树树东风翠云滴。”

清朝龚自珍《怀我生之先箴》：“今大夫天干琅琅，地支气昌，帝组织我阴阳，庸讵知我非符。”

清朝丘逢甲《梦中》诗：“奔驰日月无停轨，组织河山未就功。”

（5）构陷。犹罗织。唐朝李白《叙旧赠江阳宰陆调》诗：“邀遮相组织，呵吓来煎熬。”

（6）机体中构成器官的单位，是由形态和功能相同的细胞按一定方式结合而成的。如：神经组织、肌肉组织。

（7）按照一定的目的、任务和系统加以结合。也指所结合的集体。毛泽东《抗日战争胜利后的时局和我们的方针》：“人民靠我们去组织。中国的反动分子靠我们组织起人民去把他打倒。”

瞿秋白《论大众文艺、普洛大众文艺的现实问题》：“这个俗话革命的任务，是一般文化革命的任务，一切革命的文化组织应当担负起来，而尤其是文学的革命组织。”

综上而言，组织概念的发展，最终跟目标、管理、领导、架构、集体（团体、团队）等管理学概念紧密相关。

从管理学的角度，所谓组织（Organization），是指这样一个社会实体，它具有明确的目标导向和精心设计的结构与有意识协调的活动系统，同时又同外部环境保持密切的联系。

2.1.2　团队与组织的区别与联系

团队是由员工和管理层组成的一个共同体，有共同理想目标，愿意共同承担责任，共享荣辱，在团队的发展过程中，经过长期的学习、磨合、调整和创新，形成主动、高效、合作且有创意的团体，以便解决问题，达到共同的目标。

组织即由若干个人或群体所组成的、有共同目标和一定边界的社会实体。它包含以下三层意思：①组织必须是以人为中心，把人、财、物合理配合为一体，并保持相对稳定而形成的一个社会实体。②组织必须具有为本组织全体成员所认可并为之奋斗的共同目标。③组织必须保持一个明确的边界，以区别于其他组织和外部环境。

组织就是在一定的环境中，为实现某种共同的目标，按照一定的结构形式、活动规律结合起来的，具有特定功能的开放系统。简单来说，组织是两个以上的人、目标和特定的人际关系构成的群体。

组织是两个以上的人在一起为实现某个共同目标而协同行动的集合体。它是以目的为导向的社会实体，具有特定结构化的活动系统。

综上所述，一个组织是由各子系统组成的系统，并由来自环境的分界来画出轮廓并要求尽量了解各子系统内部及其各子系统之间，以及组织和环境之间的关系，同时要求尽量明确各个变量的关系和结构模式，它强调组织变化无常的性质，并且了解组织在不同的条件下和特定条件下如何运转。

管理学家斯蒂芬·P. 罗宾斯认为：团队就是由两个或者两个以上的，相互作用、相互依赖的个体，为了特定目标而按照一定规则结合在一起的组织。

两者的共同点在于：首先两者都是有组织有纪律的一个单元；其次两者都是由多人组成（至少 2 人以上）；最后两者都有一个基本的共同目标或使命。鉴于此共性，加之部分团队的团体作用不明显，很多时候人们都会将工作组织与工作团队两者的概念合二为一，视同一个概念。

本书认为，团队是组织的一种表现形式，组织包含但不限于团队的内容。

实际上，在我们的脑海里，团队概念范畴是小于组织概念范畴的。根据管理学的管理幅度，团队人数较组织人数是有上限的，所以规模也是两者之间最大的区别。

格兰丘纳斯给出了一个分析管理幅度的公式，但未给出具体人数。汉密尔顿认为3～6人较宜。法约尔认为，最高经理管理4～5个部门经理、工长管理25～30名工人较宜。另外，有的认为管理者直接管理的下属人数不能超过6人，有的认为不能超过24人。因此，管理者直接管理的下属的恰当人数没有定论，总体而言，应在1～30人。一般地，层级越高的领导者，其直接管理的下属的人数应当越少。

按照这样的说法，团队是一个小概念，组织是一个大概念。两者既具备较强的共性，同时组织与团队两者之间又有如下四点区别：

工作表现：工作组织中成员侧重于个人能力与个人结果的表现。而工作团队在资源、信息共享的基础上，侧重于团体的整体业绩、共同成长。

协同配合：工作组织中成员以自己优先，只有在自己达成目标的前提下去协助他人或是迫于组织的权力而去帮助他人，很少有主动自发的积极性。在工作团队中，成员相互之间主动积极，协同配合，为使组织达成目标，可以牺牲个人利益，甘做幕后英雄助团队成功。

工作责任感：工作组织中，由于彼此的配合度低，强调各自守好自己的一亩三分地，突出个人部分的利益。可能一个工作组织中，人人都是等量的人才，但由于互动不强，最终是每个人都达成了个人目标而团队目标却未达成。团队强调新的木桶原理。桶内的水不仅取决于最短的一块木板，更取决于木板之间的接合度，即使木桶的各木板等高，但由于木板与木板之间接合不好而有缝，依然无法盛水。因此，团队重在整体业绩达标，强调个人与个人之间的高度配合，强调团队成员荣辱与共。

技能技术：工作组织中，成员的技术技能是随机的，或者说相互之间是保密的，而在团队之中是共享互补。

总之，团队建立在工作组织之上；团队成员与组织成员相比，要求有较高的修养与内涵，更乐于奉献与学习。

组织当中通过团队建设来提高工作绩效已经成为一种趋势。团队成员之间相互信赖，经常产生关系，并达成高绩效结果。

根据 Cohen 和 Bailey（1997）的定义：团队是个体的集合，完成任务时团队成员相互信赖，共担责任，团队自身也是更大的社会系统（如部门、公司）中的一个部分，受上一级部门管理的跨边界管理。

上述定义中的关键部分为：团队成员之间高度依赖，对团队结果共担责任，且整个团队保有相对独立性。

2.1.3 团队的要素

团队有几个重要的构成要素，总结为5P。

2.1.3.1 目标（Purpose）

团队应该有一个既定的目标，为团队成员导航，知道要向何处去，没有目标这个团队就没有存在的价值。

团队的目标必须跟组织的目标一致，此外还可以把大目标分成小目标，具体分到各个团队成员身上，大家合力实现这个共同的目标。同时，目标还应该有效地向大众传播，让团队内外的成员都知道这些目标，有时甚至可以把目标贴在团队成员的办公桌上、会议室里，以此激励所有的人为这个目标努力工作。

2.1.3.2 人（People）

人是构成团队最核心的力量，2 个（包含 2 个）以上的人就可以构成团队。目标是通过人员具体实现的，所以人员的选择是团队中非常重要的一部分。在一个团队中可能需要有人出主意，有人订计划，有人实施，有人协调不同的人一起去工作，还有人去监督团队工作的进展，评价团队最终的贡献。不同的人通过分工来共同完成团队的目标，在人员选择方面要考虑人员的能力如何，技能是否互补，人员的经验如何。

2.1.3.3 定位（Place）

团队的定位包含两层意思：①团队的定位，团队在企业中处于什么位置，由谁选择和决定团队的成员，团队最终应对谁负责，团队采取什么方式激励下属。②个体的定位，作为成员在团队中扮演什么角色，是订计划还是具体实施或评估。

2.1.3.4 权限（Power）

团队当中领导人的权力大小与团队的发展阶段相关，一般来说，团队越成熟，领导者所拥有的权力相应越小，而在团队发展的初期阶段领导权相对比较集中。团队权限关系两方面：

（1）整个团队在组织中拥有什么样的决定权。比如财务决定权、人事决定权、信息决定权。

（2）组织的基本特征。比如组织的规模多大，团队的数量是否足够多，组织对于团队的授权有多大，它的业务是什么类型。

2.1.3.5 计划（Plan）

计划有两层含义：

（1）目标最终的实现，需要一系列具体的行动方案，可以把计划理解成目标的具体工作的程序。

（2）提前按计划进行可以保证团队的进度。只有在计划的操作下团队才会逐步地贴近目标，从而最终实现目标。

2.1.4 高效团队的表现

团队形式并不能自动地提高生产率，它也可能会让管理者失望。幸运的是，一些研究揭示了与高效团队有关的主要特征：

（1）清晰的目标。高效的团队对所要达到的目标有清楚的了解，并坚信这一目标包含着重大的意义和价值。而且，这种目标的重要性还激励着团队成员把个人目标升华到群体目标上去。在有效的团队中，成员愿意为团队目标做出承诺，清楚地知道他们应该做什么，以及他们怎样共同努力来最后完成任务。

（2）相关的技能。高效的团队是由一群有能力的成员组成的。他们具备实现理想目标所必需的技术和能力，而且相互之间有能够良好合作的个性品质，从而出色完成任务。后者尤其重要，但却常常被人们忽视。有精湛技术能力的人并不一定就有处理群体内关系的高超技巧，高效团队的成员则往往兼而有之。

（3）相互的信任。成员间相互信任是有效团队的显著特征，也就是说，每个成员对其他人的品行和能力都确信不疑。我们在日常的人际关系中都能体会到，信任这种东西是相当脆弱的，它需要花大量的时间去培养而又很容易被破坏。而且，只有信任他人才能换来被他人的信任，不信任只能导致不信任。所以，维持群体内的相互信任，还需要引起管理层足够的重视。

组织文化和管理层的行为对形成相互信任的群体内氛围很有影响。如果组织崇尚开放、诚实、协作的办事原则，同时鼓励员工的自主参与性，它就比较容易形成信任的环境。

（4）一致的承诺。高效的团队成员对团队表现出高度的忠诚和一致的承诺，为了能使群体获得成功，他们愿意去做任何事情。

对成功团队的研究发现，团队成员对他们的群体具有认同感，他们把自己属于该群体的身份看作是自我的一个重要方面。因此，承诺一致的特征表现为对群体目标的奉献精神，愿意为实现这一目标而调动和发挥自己的最大潜能。

（5）良好的沟通。毋庸置疑，这是高效团队一个必不可少的特点。群体成员通过畅通的渠道交流信息，包括各种言语和非言语信息。此外，管理层与团队成员之间健康的信息反馈也是良好沟通的重要前提，它有助于管理者指导团队成员的行动，并消除误解。就像一对已经共同生活多年、感情深厚的夫妇那样，高效团队中的成员能迅速而准确地了解彼此的想法和情感。

（6）谈判技能。以个体为基础进行工作设计时，员工的角色由工作说明、工作纪律、工作程序及其他一些正式文件明确规定。但对于高效的团队来说，其成员角色具有灵活多变性，总在不断地进行调整。这就需要成员具备充分的谈判技能。由于团队中的问题和关系时常变换，成员必须能面对和应付这种情况。

（7）恰当的领导。有效的领导者能够让成员跟随自己共同渡过最艰难的时期，因为他能为团队指明前途所在。他们向成员阐明变革的可能性，鼓舞团队成员的自信心，帮助他们更充分地了解自己的潜力。

优秀的领导者不一定非得指示或控制，高效团队的领导者往往扮演的是教练和后盾的角色，他们对团队提供指导和支持，但并不试图去控制它。

这不仅适用于自我管理团队，当授权给小组成员时，它也适用于任务小组、交叉职能型的团队。对于那些习惯于传统方式的管理者来说，这种从上司到后盾的角色变换，即从发号施令到为团队服务——实在是一种困难的转变。当前很多管理者已开始发现这种新型的权力共享方式的好处，或通过领导培训逐渐意识到它的益处，但仍然有些脑筋死板、习惯于专制方式的管理者无法接受这种新概念，这些人应当尽快转换自己的老观念，否则将会被取而代之。

（8）内外部支持。支持要成为高效团队的最后一个必需条件，即支持环境。从内部条件来看，团队应拥有一个合理的基础结构。包括：适当的培训、一套易于理解的用以评估员工总体绩效的测量系统，以及一个起支持作用的人力资源系统。恰当的基础结构应能支持并强化成员行为以取得高绩效水平。从外部条件来看，管理层应给团队提供完成工作所必需的各种资源。

2.1.5 团队效能的研究框架

2.1.5.1 团队效能研究框架（Team Effectiveness Framework）

40多年前，McGrath（1964）提出了“投入—过程—结果”（IPO）研究框架，用以研究团队效能，图2-1为这一框架模型。IPO中的“投入”是指对支持或限制员工互动行为的前因变量，包括有团队成员的个体因素（如竞争力、人格等）、团队因素（如任务结构、外部领导者影响等）以及组织因素（如组织结构设计、环境复杂性）。这些前因变量共同对团队“过程”产生影响，“团队过程”是指团队成员为完成工作任务之间的互动行为。团队过程很重要，因为直接决定“团队投入”是否能转化为“团队结果”。“结果”是指团队活动的有价值的产品或副产品（By-products）（Mathieu，Heffner，Goodwin，Salas & Cannon-Bowers，2000）。一般来说，团队结果包括“绩效”（如工作质量和数量）及团队成员的情感反应（Affective Reactions）（如满意度、组织承诺，存续能力等）。

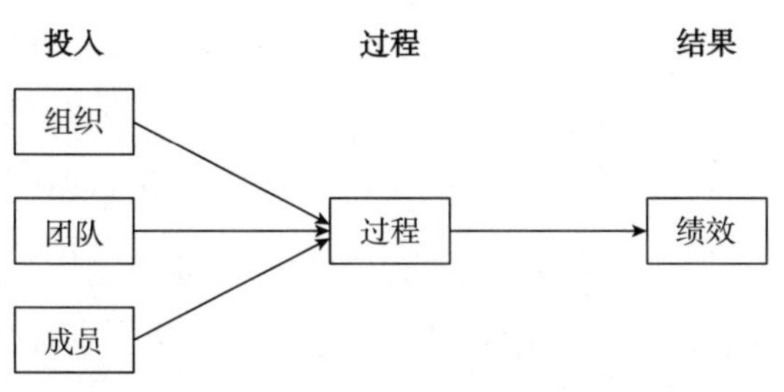

图 2 – 1　IPO 研究框架模型

IPO 模型一直以来为众多学者提供了有意义的指导，同时，很多学者在这个模型的基础上通过不同的方法不断地对其进行修改和扩展（Cohen & Bailey，1997；Hackman & Morris，1975；Ilgen et al.，2005；McGrath et al.，2001；Salas，Dickinson，Converse & Tannenbaum，1992）。但大部分的学者对于 IPO 模型的修订要么是把 IPO 置于更广义的情境中去考察，要么是对过往被忽略的细节进行研究。如 Cohen 和 Bailey（1997）评论了情境因素对团队 IPO 模型的影响，即情境因素是团队形成及“团队投入”的驱动器（Driver）。实际上，这些方法涵盖了团队内部的多层次属性，即团体成员隶属于团队，团队隶属于组织，组织存在于环境之中。这种层层嵌套的结构正是多层分析模型的一个特点（Klein & Kozlowskik，2000）。如图 2 – 2 所示，嵌套结构表明外部环境情境、组织情境会影响领导风格、任务设计及其他团队特征。进而，团队情境会影响到团队成员在团队内及团队外的竞争能力（Competency）。通常来说，外层（较高层）对内层（较低层）的影响（图 2 – 2 中表示为实心线）比内层对外层的影响（图 2 – 2 中表示为虚线）要大。

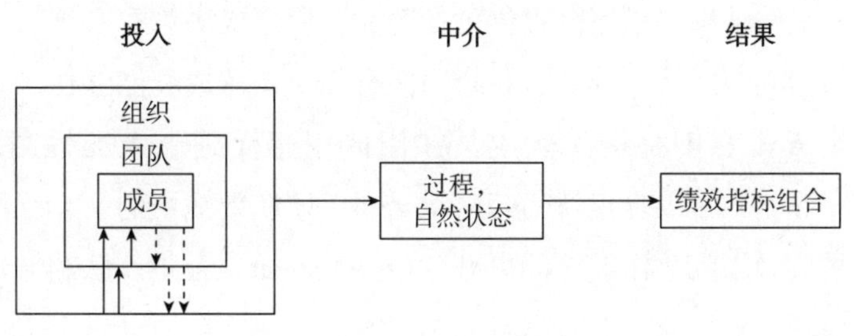

图 2 – 2　修正的 IPO 研究框架模型

IPO 模型中的"过程"与"结果"因为没有区分不同类型也备受诟病。Ilgen 等（2005）认为，"很多把团队投入转化为团队结果的中介因素并非团队过程"。而 Cohen 和 Bailey（1997）是将团队的内部过程与团队心理特征区分来看待的。Marks、Mathieu 和 Zaccaro（2001）在他们的团队效能模型中也做了同样的区分，他们认为，团队过程指的是团队成员的实际活动与行为，而团队中介因素指的是认知、激励或情绪等心理状态（States），他们把这些中介变量视为"自然而然的状态"（Emergent States）（如团队效力（Potency）、团队心理安全气氛、集体主义）。根据上述理论研究成果，Ilgen 等（2005）提出团队的"投入—中介—结果"（Input－Mediator－Outcome，IMO）模型，以便与 IPO 模型进行区分。本书也即遵循这种 IMO 模式进行理论及实证的分析。值得注意的是，其中的"团队结果"随着近些年研究的不断深入，团队效能已经包括不同的形式（如团队创新、顾客服务等）和组合，即各种"绩效指标组合"而不仅仅是"团队绩效"，具体衡量指标在下一部分详细论述。

2.1.5.2 团队效能的衡量指标

Cohen 和 Bailey 认为团队效能由团队绩效、团队成员态度及行为结果三部分内容组成。Cohen 和 Bailey（1997）把团队效能分成三个维度：团队绩效效能（团队生产产品数量与质量）、团队成员的态度、行为结果。具体说，团队绩效效能包括：效率、生产率、反馈时间（Response Times）、质量、顾客满意度及创新；团队成员的态度包括：员工满意度、组织承诺（团队承诺）、管理中的信任；行为结果包括：缺勤、离职、越轨行为等。

Hackman（1990）认为团队效能包括三个维度：工作结果、团队存续能力及个人满意度。工作结果是指团队提供的如产品、服务或决策等必须符合质量、数量及交货期的标准。团队存续能力是指团队合作对团队成员能够在未来继续合作的可能性。个人满意度是指团队成员在团队中感受到个人的提高及幸福感。Janz、Colquitt 和 Noe（1997）认为团队承诺属于团队效能中的一个维度。团队承诺是指团队成员对团队整体绩效的忠诚（Commitment）及把团队利益领先于个人利益之上的程度。

总之，对于团队效能的衡量并没有完全统一的标准，如 Sundstrom 等

(2000) 把20世纪80年代及90年代的有关团队效能的研究进行了总结，列举出20项团队工作结果。不过，现有的各项研究表明，要对团队效能的各项衡量指标进行分门别类也并不是件容易的事情（John Mathieu，M. T. M.，Tammy Rapp & Lucy Gilson，2008）。John Mathieu等人对团队效能的衡量指标划分如下：

（1）团队绩效。大量研究使用团队绩效作为衡量指标（Argote & McGrath，1993；Goodman，1986）。John Mathieu等（2008）在他们的研究综述中，把团队绩效分成三类：①组织层面的绩效；②团队绩效行为及团队绩效结果（Team Performance Behaviors and Outcomes）；③角色绩效（Role - based Performance）。

最近的一些关于团队的研究开始关注组织层面的绩效。组织绩效很大程度上与高层管理团队（Top Management Teams，TMTs）有关，高层管理团队的团队工作绩效跟组织绩效存在正相关关系。举例说来，Barrick、Bradley、Kristof - Brown和Colbert（2007）发现，彼此信任的高层管理团队（Credit Union TMTs）中的沟通和凝聚力会正向影响组织的财务比率（Financial Ratios）。同样，Srivastava、Bartol和Locke（2006）发现，组织绩效受到酒店高层管理团队的影响。Bunderson和Sutcliffe（2002）发现，企业的收益率与高层团队工作结果有关，会受到团队历史及市场情况的双重影响。

团队绩效行为与团队绩效结果。在一项关于凝聚力与团队绩效关系的元分析（Meta - analysis）中，Beal和他的同事（2003）对团队绩效行为与团队绩效结果进行了区分。团队绩效行为是指与达成目标有关的活动，而团队绩效结果是指这些行为所带来的结果。举例来说，团队绩效行为包括团队过程改进（Team Process Improvement）、团队学习行为、感知的任务绩效（Cognitive Task Performance）。Kirkman、Rosen、Tesluck和Gibson（2004）把团队过程改进用寻求反馈（Feedback Seeking）、讨论错误（Error Discussion）和反复实验（Experimentation）来衡量，这些过程改进能提高团队成员适应及改进团队过程的能力。同样，Edmondson（1999）考察了团队学习行为，Jehn和Shah（1997）评价了感知任务绩效。Kirkman和Rosen（1999）让团队领导者评价了团队的积极主动性（Proactivity）水平，而团队的积极主动包括团队能否处理问题及寻求较好方法处理问题的行为。

关于团队工作结果，也有大量学者进行了相关的研究。Tesluk和Mathieu

(1999) 研究了公路建设及保养班组的工作问题管理（行为）与团队绩效（工作结果）之间的关系。Langfred（2000）研究了社会服务团队及军事团队，以这些团队的团队领导行为对团队工作效果的影响。Mathieu、Gilson 和 Ruddy（2006）研究了不同工作团队下工作结果（如零部件花费、机器停机次数等）的不同。Kirkman、Tesluk 和 Rosen（2004）评价了团队服务的满意度，Tjosvold、Tang 和 West（2004）评估了团队的创新能力（用团队领导打分评定），Perretti 和 Negro（2007）研究了电影工业中团队成员在创新上的表现，Mathieu 等（2006）及 Kirman 和 Rosen（1999）则对客户对团队服务的满意度做了相应研究。

（2）角色绩效。很多研究者认为不同的团队之间的角色绩效是可以加以概括总结的。角色绩效是指团队成员发挥团队的能力，从而完成团队工作目标的程度（Welbourne，Johnson & Erez，1998）。近来研究中，Chen 和他的研究者们用角色绩效来考量团队在完成工作任务、团队及组织目标上是否具有胜任力（Chen，2005；Chen，Kirkman，Kanfer，Allen & Rosen，2007；Chen & Klimoski，2003）。

与上述对团队绩效明确区分为团队绩效行为及团队绩效结果不同的是，很多研究中是用组合绩效（Performance Composites）来衡量团队工作结果的。如，Lester 等（2002）认为团队绩效就是“满足持续发展的需求、达成目标、找到生存之道”；Hiller、Day 和 Vance（2006）用“制定计划、解决问题、团队支持与关心、团队咨询与发展、团队整体效能”来衡量团队绩效；Van der Vegt 和 Bunderson（2005）以团队领导者对于团队的“工作效率、工作质量、目标实现、生产率及任务的完成”的评价来测量团队绩效；Barrick、Stewart、Neuber 和 Mount（1998）则用“知识、质量、数量、创新、人际关系、计划及组织承诺”来测定团队绩效。整体来说，用组合绩效比单一绩效指标来测定团队绩效更为科学有效，但是指标的繁多与分类的不统一会给科学研究带来不便，有学者就用“平衡计分卡”（Balanced Scorecard）的方法来研究团队绩效的各项指标（Pritchard，1995；Pritchard，Jones，Roth，Stuebing & Ekeberg，1988），在他们的研究中，要求各团队把关键绩效指标先确定下来，然后根据重要程度给这些指标赋予相应的权重，最后用来评估整体的团队生产率。不过这种评估方法从科学的角度来说，首先对于这种标准指标的开发与确定是非常复杂及耗时的，其次这些衡

量指标的区别效度并不是那么容易实现，所以，这样的研究并不具有很强的可操作性。

（3）团队成员态度。团队成员态度衡量的是团队成员对团队的心理态度。吸引学者们关注与兴趣的态度指标如团队、工作及组织满意度、团队及组织承诺等（Janz，Colquitt & Noe，1997；Kirkman & Rosen，1999；Tesluk & Mathieu，1999）。Janssen、Van de Vliert 和 Veenstra（1999）的研究中，让团队成员评定团队是否具有良好气氛及是否受到尊重。

（4）团队存续能力。团队存续能力这一构念至今仍容易混淆。团队存续能力有时被当成团队层面的指标，用以测量团队成员的集体归宿感（与社会凝聚力（Social Cohension）的概念有些相似）；有时用以测量团队成员的稳定性（Stability）；还有学者认为，团队存续能力是指员工个体愿意成为团队成员一分子的态度。所以，团队存续能力这一构念并没有得到统一的界定。不过，更多学者（如 Barrick et al.，2007）认为，团队存续能力应该测量的是团队成员的情感和态度，Balkundi 和 Harrison（2006）也用元分析（Meta - analyses）的方法，把“团队成员满意度、团队气氛、团队承诺及团队凝聚力”都视为团队存续能力的测量指标。所以本书对团队存续能力的界定更倾向于把其看成为团队成员的情感或态度。不过，尽管团队存续能力概念很重要，不过在实证分析中有些研究者并不把其作为基本的测量指标，因为用团队成员的“自我报告”（Self - report）进行衡量的主观成分太大，不具有很强的科学性。所以，在一些研究中，是用上级对团队成员的态度和情感进行评定（Barrick et al.，2007；Hiller et al.，2006；Lester et al.，2002；Stewart & Barrick，2000）。

2.1.6 领导风格与团队效能的相关研究

大量国内外学者对领导风格与团队效能之间的关系做了详尽的研究，这些关于团队领导的文献综述可以在学者们（Kozlowski & Bell，2003；Kozlowski & Ilgen，2006；Zaccaro et al.，2001；Burke，Stagl，Klein，Goodwin，Salas & Halpin，2006）的文献中大量查看。另外，在研究影响团队效能的领导者行为中，有这样一些新的研究课题：团队外部领导（External Team Leaders）、教练型领导（Team Coaching）、共享领导（Shared Leadership）。

外部领导。团队外部领导代表着传统的领导范式，关注于领导者对于团队绩效所应负的责任，事实上，指的就是外部领导人的行为对整个团队的影响过程。虽然这种领导模式是内外部领导者双重领导，但是外部领导会对团队效能产生重大影响，这一点得到了广泛证实（Burke et al.，2006）。Druskat 和 Kayes（2000）认为，外部领导者甚至可以促成团队的成功，也可以扼杀团队的成功。学者们普遍认可，团队外部领导者可以协调团队运作、促进团队管理并且为团队设置愿景（Zaccaro et al.，2001；Moregeson，2005）。

教练型领导。团队教练型领导指的是“促成团队成员相互指教，合理合适地运用各自的资源进行整合，以达成团队目标”（Hackman et al.，2005）。团队教练行为包括团队问题的确定、团队工作过程的咨询、团队自我管理的确认和奖励及解决问题过程中的咨询等（Wageman，2001）。团队中的教练型领导行为在学术界的研究已经有 50 多年，近年来也得到了学者们的关注。Edmondson（1999）认为，教练型领导能正向影响团队绩效。Wageman（2001）却认为，教练型领导对团队绩效没有丝毫影响。深挖团队绩效以外的元素，可以发现，教练型领导对自我管理、团队成员关系、团队成员满意度（Wageman，2001）、团队授权（Kirkman et al.，1999）、团队心理安全气氛（Edmondson，1999）有着正向影响。

共享型领导。近年来，越来越多的学者开始接受团队领导并不仅限于上下级的这种领导，而是来源于所有团队成员，也就是说，这种领导者行为分散在所有团队成员的身上，每一个人发挥聪明才智，尽显领导能力，而不是传统意义上的固定由某个正式的领导者进行领导，这样的话，团队领导就真正开始成为了集体领导，可以更好地发挥每个人的知识、技能和能力。很多学者认为，共享型领导能正向影响团队绩效（Carson，2007；Ensley et al.，2006；Hiller et al.，2006；Pearce et al.，2002，2004；Sivasubramaniam et al.，2002；Taggar et al.，1999），而有些学者却持反对意见（Mehra et al.，2006）。

综合以上分析可以看出，近年来，学者们不断地探寻传统意义上我们熟知的领导风格类型对团队效能的影响，更进一步进行领导风格的细分维度，并探寻这些细分维度对于团队效能的不同影响，极大地丰富了关于领导风格的学术研究。

2.2　领导风格

2.2.1　领导的界定及领导理论的发展

关于领导的定义，不同学者对其做了不同定义。表2－1说明了从20世纪以来学者们对于领导的界定。

表2－1　领导的含义

学　者	内　容
Hemphil 和 Coons（1957）	领导是个人引导群体达成共同目标的行为
Tannenbaum 等（1961）	领导是一种人际间的影响，其在特定情境中运作，并通过沟通的过程来达成特定的目标
Bowers 等（1969）	领导是一种人际关系的活动程序，经理人经由这种程序以影响他人行为，使其趋于达成既定目标
Katz 和 Kahn（1978）	领导是超过例行性组织指引的影响力
Richards 和 Engle（1986）	领导是基于建构愿景、价值和创造环境，使事情可以完成
Jacobs 和 Jaques（1990）	领导是有目的使团体成员共同努力且全心于达成目标的一种过程
Rost（1991）	领导是介于领导者与追随者间对于为了达成所共有目的而产生的交互关系
Drath 和 Palus（1994）	领导是产生共识的程序让成员结合在一起，彼此更能了解与相互承诺
House 等（1999）	领导是领导者个人的能力去影响激励并结合他人的意愿朝向具有效能且成功的组织去努力
Popper 和 Lipshitz（2000）	领导是鼓舞、激励员工达成组织预定目标，完成组织任务
Michael F. Marquardt（2000）	领导是指导员工解决问题的统御方式，使员工完成工作，达到组织预定的目标

续表

学　者	内　容
Ray Mahoney（2000）	领导是一种指挥、督导下属有效能地完成预定目标的过程
芮明杰（2005）	领导是一种影响力，是对人们施加影响的艺术或过程，从而使人们情愿地、热心地为实现组织或群体的目标而努力
周三多等（2009）	领导就是指挥、带领、引导和鼓励部下为实现目标而努力的过程
Robbins（2009）	领导是一个影响群体成功地实现目标的过程

资料来源：笔者整理。

总的来说，领导是一种影响他人并实现预期目标的过程。特别从 Robbins（2009）对领导的界定中，突出了领导是通过影响群体（团队）来成功实现目标的过程。因此，从团队的角度而言，领导对于团队/群体的作用和影响，直接作用于团队效能/组织目标的实现。

当人们开始以群体方式组合起来共同实现目标时，领导就成为令人感兴趣的一个领域。但直到 20 世纪初，研究者才开始对领导进行实证研究。国内外学者对于领导行为的研究大致可以区分为以下三大学派：一是特质论（Trait Theory）；二是行为论（Behavior Theory）；三是情境论（Contingency Theory）（Robbins，2009）。以上各理论在各自的发展时期都对领导领域的研究提出了崭新的研究方向，致力于为领导行为的研究建立稳固的基础，然而或许因为研究的角度不同，各学派对领导行为的诠释也都有不尽完整之处，而这种不足或许正可以从不同学派的演进过程里看出端倪。

从 20 世纪 20 年代早期的特质论到 20 世纪 40 年代的行为论再到 20 世纪 60 年代的情境论，我们不难发现学者试图将关键性的领导因素纳入理论当中。特质论者认为最关键的因素是领导者的人格、社会、心理、智力等的特质，这些特质为领导者所独有；行为论者认为特质论不足以决定有效的领导行为，而主张从领导者行为的角度来解释，认为采取了特定的领导行为的领导者是有效的领导；而情境论者认为在考虑更多的情境因素之后，领导者能选择出最有效的领导方式（Robbins，2009）。

Burns 于 1978 年出版的《领导》一书中首次比较系统地提出变革型领导理论

（Transformational Leadership）、交易型领导（Transactional Leadership）理论及放任型领导理论，把这三种领导风格视为领导风格中的三个不同维度。多年来，该理论吸引了众多的研究者进行理论探讨和实践应用，已经成为西方有关领导研究的重要领域和方向，并取得了众多的研究成果。本书将从这三种领导风格的概念、结构入手，探寻其对于团队效能的直接效应。

之所以在众多的领导风格构念中选取变革型领导、交易型领导和放任型领导作为领导风格研究整体是出于以下几点考虑：

一是研究的热点与趋势。时至今日，虽然领导理论百花齐放，但变革型领导理论一直在学术界得到学者们的厚爱，相关文献层出不穷。而本书则认为交易型领导及放任型领导在中国大陆经济发展及管理模式的现实情境下，依然对组织绩效起到同等举足轻重的作用。如 Bass（2005）、陈文晶等（2006）、徐长江（2007）等都认为变革型与交易型领导并非是两个互相独立的领导风格，领导者在组织的实际运作下，为提升成员的动机，同一个领导者在不同的情境和时间下，可以同时运用交易型领导及变革型领导，而且对于这两种领导行为还必须持一种权变的观点。也就是说，有效的领导不仅取决于领导者本身，而且与被领导者、情境有密切的联系。

因此，交易型领导与变革型领导是共存的、互相补充的，交易型领导不一定过时，而变革型领导也并不是灵丹妙药，什么样的领导方式有效还必须要因人、因时、因地等具体、灵活地加以处理。

二是研究的盲点。学术界对于放任型领导的研究过于片面，认为其并非是合适的领导风格类型，而且在大部分情况下都是如此，所以相当多的领导理论研究中都只研究了变革型领导与交易型领导，而有意地撇开了放任型领导。但是，国内实践中，有些领导者特别是团队领导者依然凸现这种领导风格，而其团队效能却相当不错，所以研究这一看似悖论的领域显得很有必要，特别是在中国国情下。

三是研究的可操作性。变革型领导、交易型领导、放任型领导并非是孤立的三种不同领导构念，非同一连续体上的两极，而是描述领导风格当中的三个不同维度。其共源于 Burns（1978）、Bass 等（1985，1995，2000）的领导理论。此外，Bass 等人对于变革型领导、交易型领导、放任型领导已经设计了相当成熟的问卷（MLQ）并得到了世界范围学者不同语言版本的应用。特别是，MLQ问卷已经完全商业化，1994年投入商业运营的心智花园公司（www. mindgarden. com），推出了以Bass等人设计的MLQ问卷，并成功地实现了商业化。时至今日，已经衍生出了针对领导者、员工、团队的不同MLQ问卷。这说明涵盖三种不同领导风格的MLQ已经非常成熟，且具有了理论上及实践上的可操作性。

2.2.2 变革型领导

2.2.2.1 概念

变革型领导一词首先是由Downton于1973年在《反叛领导》（*Rebel Leadership*）一书中提出，接着由Burns于1978年在《领导》（*Leadership*）一书中予以概念化。但是变革型领导理论的形成与发展，是Bass于1985年在《领导与超越期望的绩效》（*Leadership and Performance Beyond Expectation*）一书中建构而成。

Burns在提出变革型领导时，是以Maslow的需要层次理论来界定变革型领导的概念的。他认为，变革型领导是领导者与成员相互提升道德及自我激励到较高层次的过程。以Maslow的需要层次理论来分析，变革型领导通过提升成员内在动机，希望将下属的需要层次提升到自我实现的境界，从而超越原先的工作期望，而不是仅仅局限在物质待遇的交换上面。Burns认为变革型领导者通过提出更高的理想和价值，如自由、正义、公平及人道主义等，以唤起下属的自我积极性，进而协助他们满足较高层次的内在需要，使下属能由“平凡自我”（Everyday Selves）提升到“更佳自我”（Better Selves）。Bass依据Burns的见解，认为变革型领导会使员工对领导者产生信任、尊敬及忠诚。他认为变革型领导是领导者通过改变下属的价值与信念，引导下属超越自我利益，以追求更高的目标。

许多研究者根据自己的研究结果，对变革型领导提出了许多不同的定义，现将国外主要研究者对变革型领导的定义归纳为表2－2。

表 2-2　国外学者对于变革型领导的定义

学　者	内　容
Burns（1978）	变革型领导是领导者通过较高的理念与道德价值，激发、鼓舞员工的动机，使下属能全力投入工作，进而提升下属成为领导者，而领导者则成为推动改革的原动力。它是领导者和下属之间相互提升到较高的需要层次及动机的过程
Bass（1985）	变革型领导通过让员工意识到所承担任务的重要意义，激发下属的高层次需要，建立互相信任的氛围，促使下属为了组织的利益牺牲自己的利益，并超过原来期望的结果
Yukl（1989，1994）	变革型领导是指影响组织成员在态度上与假设上产生改变，并建立对组织使命或目标的承诺。它强调领导者要赋予成员自主性来完成目标，以此改变组织文化与结构，并与管理策略相配合，进而完成组织的目标
Sergiouvanni（1990）	变革型领导是一种附加价值的情感领导，强调高层次、内在动机与需要。领导者激发成员发挥智能，超越原有的动机与期望，这种领导具有文化与道德的意义
Leithwood（1992）	变革型领导是由领导者提供愿景作为内在诱因，通过分享、投入、热情与刺激等手段，在实际运作过程中改进并提升成员的想法，使其对未来充满希望
Waddell（1996）	变革型领导是领导者能与下属共同创造专业气氛与态度，通过专业的发展、决策的分享、自我价值的提升，进而创造一种尊重、接纳友善、支持成长与学习的环境
Fields 等（1997）	变革型领导是通过下属对领导者及其愿景的认同，使下属能超越利益上的交换
Pillai 等（1999）	变革型领导是领导者通过激发下属较高层次的需要、促进组织的信任关系，使下属将组织利益建构在自身利益之上，以促使下属能做出超越预期的表现
Wilmore 等（2001）	变革型领导是一种合作、决策分享的取向，它强调专业能力的发展与授权，了解变革而且鼓励成员进行变革
Robbins（2001）	变革型领导者具有魅力特质，对追随者具有特别影响力，能激发下属为组织牺牲自身利益，并且对下属个性化的关怀与智能上的激发，使下属愿意尽最大的努力，达成团体目标

资料来源：陈文晶、时勘（2007）。

从各学者的定义中可以看出，变革型领导具有五个方面的特征。第一是变革型领导的理想化信念，说明变革型领导善于通过对成员描绘美好的愿景，让员工乐于为共同美好愿景努力奋斗（Leithwood，1992；Fields et al.，1997）。第二是变革型领导的理想化行为，即变革型领导者身体力行，领导者本身树立和其强调价值一致的楷模，让他自己成为值得成员仿效的榜样，使成员价值观能与领导者本身所信奉的相一致（Bass，1985；Leithwood，1992；Fields et al.，1997；Wilmore et al.，2001）。第三是变革型领导的动机鼓舞，即领导者能启发组织成员的工作动机，赋予成员工作意义，以提高成员的工作期望（Burns，1978；Sergiouvanni，1990；Leithwood，1992；Pillai et al.，1999）。第四是变革型领导的智能激发，即领导者强调引发下属对问题的理解，改变解决问题的方法、思想、想象力、信念与价值，而不是促使下属在行动上立即改变（Sergiouvanni，1990；Waddell，1996；Wilmore et al.，2001；Robbins，2001；等等）。第五是变革型领导的个性化关怀，即领导者能够扮演部属辅助者或教练的角色，发现部属的个别差异及成长的需求，发掘下属更大的潜力，如 Waddell（1996）、Wilmore 等（2001）、Robbins（2001）。

总之，变革型领导是通过领导者个人的人格力量与魅力来影响下属，通过提升下属的需要层次和内在动机水平，激励下属不断地挑战与超越自我，为追求更高的目标而努力的过程。

2.2.2.2 变革型领导的结构

学者们对领导理论的兴趣一直方兴未艾，研究主题也是不断推陈出新（Cassar，1999）。经过多年的发展，出现多种研究领导风格的理论模型。变革型领导是新兴领导理论之一，从 20 世纪 80 年代开始就一直成为众多领导理论研究的焦点。Bryman（1992）认为变革型领导是“新领导”（New Leadership）理论范式的重要组成部分。Humphreys（2001）指出，变革型领导理论首先由 Burns（1978）提出，由 Bernard Bass（1985）进一步扩展为完整的理论体系。Bass 认为，以前的领导理论模型“在解释领导风格的全面性上存在不足”（Avolio，Bass & Jung，1995）。变革型领导蕴涵领导者自尊、自信、自强（Pride，Self - respect，Faith）的一面，致力于制定及强化组织的愿景（Masi & Cooke，2000）。Northouse（2000）认为变革型领导是一种领导者与下属之间相互交互的过程，这种过程可以提高下属的激励度及忠诚度。Bass 和 Avolio 在 2000 年提出的变革型领导主要包含以下五个维度：

理想化信念（Idealised Attributes）：领导者成为下属行为的典范，得到下属的认同、尊重和信任。领导者具有公认度较高的伦理道德标准和很强的个人魅力，深受下属的爱戴和信任。大家认同和支持他所倡导的愿景规划，并对其成就一番事业寄予厚望。

理想化行为（Idealised Behaviours）：领导者经常与团队成员讨论工作的意义及价值，为员工指明奋斗目标及前进方向，并且考虑每一次的决策是否符合相应的伦理道德，在有益于团队及组织的事情上身先士卒，并不断地强调拥有共同使命的重要性。

动机鼓舞（Inspirational Motivation）：领导者向下属表达对他们的高期望值，激励他们加入团队，并成为团队中共享梦想的一分子。在实践中，领导者往往运用团队精神和情感诉求来凝聚下属的努力以实现团队目标。从而使所获得的工作绩效远高于员工为自我利益奋斗时所产生的绩效。

智能激发（Intellectual Stimulation）：领导者鼓励下属创新，挑战自我，包括向下属灌输新观念，启发下属发表新见解和鼓励下属用新手段、新方法解决工作中遇到的问题。领导者通过智力激发可以使下属在意识、信念以及价值观的形成上产生激励作用并使之发生变化。此外，Bennis 和 Nanus 还指出有效能的领导者会从成败经验中吸取教训，将错误视为成员学习与发展的机会，并鼓励成员制定长期的学习与发展的规划。

个性化关怀（Individualized Consideration）：个性化关怀是指领导者关心每一个下属，重视个人需要、能力和愿望，耐心细致地倾听，以及根据每一个下属的不同情况和需要区别性地培养和指导每一个下属。这时变革型领导者就像教练和顾问，帮助员工在应付挑战的过程中成长。

李超平、时勘结合文献综述的结果，采用归纳法（Inductive Method）确定了在中国文化背景下变革型领导的四个维度，分别是德行垂范、愿景激励、领导魅力、个性化关怀。与 Bass 所得到的结构相比，两者都有领导魅力、愿景激励（动机鼓舞）、个性化关怀这三个维度；不同之处集中表现在李超平等人的研究得到了一个具有中国特色的“德行垂范”维度；此外该研究提出的个性化关怀与 Bass 提出的个性化关怀相比，其内涵更宽，即管理人员对员工的个性化关怀不仅包括对员工工作、成长的关怀，还包括对员工生活和家庭的关怀。

简而言之，变革型领导是一种影响和改变下属的过程。Bass 等进一步提出，变革型领导可以在组织的任何层面（基层、中层、高层）进行观察和测度。然而，变革型领导最有可能在更高的层面发挥作用，这种领导风格会激励下属发挥出超出其自身能力的努力。大部分实证研究已经证明变革型领导的正面效应。而有效的领导会正向影响个体、团队及组织的绩效。本书将把变革型领导置于团队视角，将不再局限于高层管理团队，并从中低层管理团队中大规模取样，以期验证变革型领导在不同情境下对于组织绩效的具体效应。

2.2.3 交易型领导

2.2.3.1 概念

Burns 于 1978 年在《领导》（*Leadership*）一书提出了交易型领导的概念，通过对政治领导者的研究，比较了交易型和变革型领导行为，认为交易型领导通过物质奖励与下属员工的努力工作进行交换，以此来鼓励下属。这种激励的方式与激发下属自我实现目标的激励方式是不一样的，属于一种短期的交换结果。交易型领导的特征是强调交换，在领导者与下属之间存在着一种契约式的交易。在交换中，领导给下属提供报酬、实物奖励、晋升机会、荣誉等，以此满足下属的需要与愿望；而下属则以服从领导的命令指挥，完成其所交给的任务作为回报。Burns 认为，这种领导的效果要视领导者与下属之间的心理契约的状况而定。交易型领导建立在一个人在组织中的与位置相关的官僚制权威和合法性的基础上。它强调任务目标、工作标准和产出，往往关注任务的完成和员工的顺从，更多地依靠组织的奖励和惩罚手段来影响员工。交易型领导的突出特点在于，它十分强调绩效。通过明确地规定角色分工和任务分配，交易型领导可以带领或动员下属实现既定目标。此种领导方式的关键词包括：控制、评估、调度、结果等。对可预测的、可持续的结果的追求，是所有交易型领导的内生动力。

交易型领导的理论，是 Bass 于 1985 年在《领导与超越期望的绩效》（*Leadership and Performance Beyond Expectation*）一书中建构而成的。Bass 认为交易型领导是由领导—成员交换理论（Leader – Member Exchange Theory，LMX）和途径—目标理论（Path – Goal Theory）为基础发展而来，认为交易型领导是指通过在奖酬基础上的即时交换来影响追随者。

社会交换理论（Social Exchange Theory），是由 Barnard 于 1938 年提出来的，后来又得到了 March 和 Simon 的完善，其主要观点认为，个体用自己的贡献与组织所提供的某种报酬构成交换关系。后来，Blau 等人将人类的交换行为区分为经济交换和社会交换两种行为。经济交换行为是建立在一个明确列出交换物数量的契约之上，双方（或通过第三方）当面或私下达成交换协议；而社会交换行为则是建立在信任基础上的一种个人的自愿性行为，其动力是为了使个人获取回报。交易型领导理论正是以社会交换理论作为其理论背景，认为领导是领导者与成员间相互影响的动态过程，目的希望双方在最大利益与最小损失的原则下，达成共同目标。Kellerman 认为交易型领导中，领导者与员工间的关系是相互依赖的，领导者与员工都把对方视为满足需要的途径，领导者希望员工达成组织目标，而员工则希望在达成目标后能获得精神上或物质上的满足。所以领导者之所以有影响力，乃是员工认知到按照领导者的需求去做事是对其有利的。也就是说领导者掌握了下属想要的资源，就可以通过对这个资源的控制和分配来要求下属达到组织的工作标准，并以此换取酬赏。

Graen 等人在 1975 年提出领导者—成员交换理论（Leader – Member Exchange Theory，LMX）认为由于组织内资源的有限性，领导者无法对每一位下属平均分配其所具有的资源。而且由于领导者迫于时间压力，常常需要找一些得力的助手来帮助他们执行任务与达成目标，领导者为了奖励这些得力助手的努力与付出，会给予他们更多关怀与互动。所以组织中会以领导者为中心而形成非正式团体，此团体内的成员与领导者间会有较紧密的工作关系。团体成员就被称为圈内人士（In – Group），其他成员则称为圈外人士（Out – Group）。领导者会提供圈内人士更多的机会，赋予更大的责任，双方的互动过程带有较多的积极特征。而对于圈外人士，领导者则赋予较琐碎、例行的事务，并施以较正式的权威予以监督。Yammarino 等人认为交易型领导重视领导者与下属间的交换关系，这种交换的性质可分为明确的或低品质的，以及较不明确的或高品质的。较低品质的交易主要是有形物质交换，例如员工的目标达成则薪酬增加；较高层次的交易则是领导者和员工间无形物质的交换，例如忠诚、情感与信任。

途径—目标理论（Path - Goal Theory）认为，一个成功的领导者不仅要能够理清组织目标，为员工提供相应的奖赏，同时必须能明确告诉成员如何去达成目标以及获取奖赏的途径，以及排除下属达成目标的各种障碍，增加实现目标的概率，使下属更努力工作，获取较佳的工作成果和较高的满足感。在交易型领导理论中，领导者的主要任务就是界定员工的角色，设定员工达成组织目标时可获得的奖酬，并提供员工达成目标及获得奖酬的路径。因此，途径—目标理论可为交易型领导理论提供重要的理论依据。

不同学者对交易型领导提出了许多不同的定义，现将国外主要研究者对交易型领导的定义归纳如表 2 - 3 所示。

表 2 - 3　国外学者对于交易型领导的定义

学　者	内　容
Burns（1978）	交易型领导是领导者与成员通过磋商达到互惠的过程，领导者与成员在最大利益和最小损失的原则下，来达成共同的目标
Bass（1985）	领导者确认并澄清员工的工作角色，以使员工有方向感，了解并满足员工的需要，以促使其努力工作
Sergiovanni（1990）	交易型领导是一种以物易物的领导，领导者与下属为了各自的利益与目的，通过协议约定而各取所需
Leithwood（1994）	组织中各种酬赏系统被领导者所应用，以换取领导者所要的成果
Pillai 等（1999）	交易型领导是建立在交易过程中，领导者依照下属的努力与表现情况给予奖赏反馈
Robbins（2001）	领导者通过澄清角色及工作要求来建立目标与方向，并以此来引导或激励下属

资料来源：陈文晶、时勘（2007）。

综合各学者的定义，本书认为交易型领导是领导者与下属之间通过工作任务与工作标准的确定，以明晰的奖惩机制来确保团队或组织目标完成的领导方式。

2.2.3.2　交易型领导的结构

Bass 和 Avolio（2004）把交易型领导描述为“与建设性及正确性交易有关的行为”。交易型领导者向下属清晰地描绘达成预期目标绩效而能得到的回报。

Bass 等把交易型领导构念分为两个维度：

权变报酬（Contigent Reward）：交易型领导者制定清晰的预期目标及下属完成这些具体目标所能得到的回报。领导者向下属提供权变型建议及反馈，帮助下属一起达成具体目标，最终帮助整个团队一同实现预定水平的绩效。

主动例外管理（Management - by - Exception：Active，MBEA）：领导者制定下属服从标准，对未有具体目标的员工进行管理。领导者在下属缺乏完成预期目标的能力或犯错误的时候进行纠偏，采取正确行动，主要的职责在于追踪错误及纠正错误。

2.2.4 放任型领导（Passive - Avoidant Leadership）

所谓放任型领导，是指领导者放手不管，下属愿意怎样做就怎样做，完全自由。放任型领导的指挥性行为偏低，支持性行为也偏低，这种领导风格的领导者对下属工作的支持与指导很少，决策的过程委托下属去完成，明确地告诉下属希望他们自己去发现问题，纠正工作中的错误。

放任型领导风格允许下属去进行变革。领导者既不给下属太多的激励，也不给他们太多的指挥，放权让下属自主决策，虽然也会在下属完全无法承担任务之时进行干预，但这种干预完全是被动及无可奈何地介入；下属实在完成不了的重要任务，领导者会给予一点支持。放任型领导者所领导的群体的绩效低下，内部混乱，不良的亚文化盛行，这种领导往往不是自愿放任，而是既无能力或无权力指挥，又无能力或无资源支持，即使有很多的想法，由于条件不具备，也无法实践。长此以往，企业内部个体能力也无法得到发展，群体协作也很难以实现，最后必然是企业发展受挫。

Lewin、Lippitt 和 White（1939）最早对放任型领导进行了研究。他们比较分析了成年人运用三种领导风格（民主型领导、专制型领导和放任型领导）管理不同男孩俱乐部（Boys' Club）产生的不同效果。研究表明，在采用放任型领导下，团队组织最无序，效率最低，俱乐部成员的满意度也最低，而且，成员完成的工作最差，成员充满了疑惑，信心大挫。因此，学者们认为放任型领导相较于民主型领导和专制型领导在工作的专注度和完成工作的质量上是较差的。

Deluga（1990）认为放任型领导即领导者是被动型领导者，不愿意主动影响下属以及指明方向。这种领导者不愿意参与集体及个人决策（Bass，1981；Bradford & Lippitt，1945），而且在很大程度上，放弃了他们的领导角色（Stoner，1982）。一般而言，放任型领导是无效的领导方式，但是，也有研究表明，这种领导风格并非总是没有正向工作结果。比方说，Bass（1960）发现，某些时候下属的自我管理（Autonomy of Subordinates）可以提高下属的工作绩效。

总之，放任型领导是一种采用领导手段较少的一种领导风格。即领导者很少参与工作任务及与下属一起沟通。管理者逃避决策、不愿承担责任，不愿进行上下级之间互动，因此，通常来说，这种领导风格在领导及管理下属的时候往往是无效的，不过，在下属自主性较强、训练有素的时候又有可能产生良好领导效果。Bass 和 Avolio（2004）指出，放任型领导风格为被动型的领导方式，这种领导者对于签署重要合同协议、指明发展方向、制定目标等工作采取逃避行为，这种对下属的不作为行为会产生副作用，而达不到预期的目标。Bass 认为这种领导风格由两个维度构成：

消极例外管理（Management - by - Exception：Passive，MBEP）：消极例外管理领导者直到情况变得危急、危险的时候才采取干预措施，事件未变糟之前领导者通常采取消极回应态度。这种领导者希望下属自行开展工作，除非下属犯错，领导者绝不会主动介入具体工作。

自由放任主义（Laissez - Faire，LF）：自由放任主义领导者往往缺席制定重大决策，在关键问题上回避和拖延，在下属有压力和困难时避而不见，出现重大问题宁愿躲避一旁。

2.3 团队心理安全气氛的中介效应

2.3.1 团队心理安全气氛的界定

2.3.1.1 气氛

有关组织气氛的定义，各学者有不同的解释，在了解组织气氛之前需先理解

“气氛”的含义。Lewin（1939）最早提出气氛的概念，他的所谓“场地学说”认为只要了解人类行为就需要考虑行为发生的整个情境，而情境所指范畴主要就是指个人及环境。因此，人类行为是人类与环境的函数，而环境即客观存在的受个体主观感知的心理环境。所以，“气氛”主要还是强调个体主观感知的心理环境。

Schneider（1975）认为“气氛”不仅是个体主观知觉的构念，还应为所有个体感知的加总。因此，气氛的定义应由某具体事件的状况及个体微观感知（Micro Perception）形成全面感知（Macro Perception），最终经过这一系列抽象的心理过程而形成感知。不论这种感知清晰抑或不清晰，到底怎样形成，气氛的感知有两种含义：①气氛是整体的感知或认识的构架；②气氛对个人的行为具有影响作用。

对组织气氛的认识有两种倾向：一种是把组织气氛作为客观存在，而另一种是把组织气氛作为一种主观的知觉。James 和 Jones（1974）从定义层次上将气氛研究分为三类：①组织属性的描述层次。在这类研究中，气氛往往被定义为一个组织的明显物质和物理特性的集合，组织气氛被早期的研究者描述为组织环境的“个性”或“特征”。②个体认知层次。这个层次的研究往往将气氛定义为个体对组织的认知，而这种认知将显著地影响个体在组织中的行为。这个层次上的研究成为20世纪六七十年代研究的主流，但是大家的研究都基于个体对气氛的认识，提出的气氛维度也不一致，并不能很好地说明和解释组织内的行为。③群体认知层次。这个层次的研究将立足点定位于群体，认为气氛是存在于个体共同的知觉中，只有这种群体认知才对个体有重要的心理意义，进而影响他们的行为。

组织气氛为人们需要采取何种行为来适应组织需要提供了可靠信息。组织气氛需要具备一些特定的特征，并能持续相对长的时间。定义组织气氛的特征是描述性的而非评价性的，即气氛感知概括了个人对组织经验内容的描述，而不是他们对经验情感或评价的反应。这种描述与评估的二分法将气氛与员工满意度区分开来。组织气氛的另一特征是其复合属性，表明既定组织可以被描述成多种气氛。例如一些研究探讨了不同组织层级或不同部门员工所感知到组织气氛的差异。可见，组织气氛是组织成员基于过往的工作经验，所感受到的组织氛围，进而塑造达到组织需要的行为模式。

大多数研究者认为，组织气氛是组织成员对组织环境特征的整体知觉，也就是从群体认知的视角看待组织气氛。从社会心理学角度来看，组织气氛是具有存在性意义的概念，与“人格”之于个人存在性的概念相似，各种不同类型的组织气氛，如组织创新气氛、组织伦理气氛等，是人为地对组织气氛进行的划分，这种划分更具有方法论上的意义。

由上述理论可知，学者在研究气氛时，都会产生衡量气氛的精确性问题。不可否认，当探讨团队气氛时，团队成员共享的感知（Shared Perception）可能受其他团队、部门、不同层级单位或公司经沟通过程所呈现的组织愿景、文化与策略的影响，因此探讨团队成员所共享的感知时可能会受团队外因素的影响，但是当组织结构非常庞大、结构复杂、层级链高的时候，在探讨共享感知的时候，通过群体、团队、派系等角度进行分析就显得很有必要（Anderson & West，1998）。

2.3.1.2 心理安全

安全信念其实是由 Maslow 的经典理论引申而来。1943 年，美国心理学家马斯洛发表了《人类动机的理论》一书。在这本书中，马斯洛提出了著名的需求层次理论。在他看来，人的需求有一个从低到高的发展过程。他认为在满足基本需要（饥饿与口渴等）以后，人开始力争使身体及精神不受威胁（安全的需要）。在这方面，父母及家庭的爱护和关照提供了相应的保护。按照 Maslow 的理论，在组织的日常工作中，员工需要安全的工作环境，可以激发其争取实现更高目标。

心理安全及安全的工作环境已经引起组织理论的注意。Zohar（2000）对此进行了实证分析，并认为，当个体感受到安全气氛时，组织下属单位的工伤事故率就会下降。近年来，精神上的安全（心理安全）问题引起学者的关注（May et al.，2004）。心理安全感是这样一种信念，就是指员工认为即使自己参与了有风险的行为，比如“建议”（Voice），也并不会导致其个人的自我印象（Self Image）、地位及职业生涯在组织中受到伤害（Kahn，1990）。心理安全感被认为是影响提建议（Voice）的一个关键认知（Ashford et al.，1998；Edmondson，

1999）。简单地说，那些担心因提建议而带来重大个人损失（如工作的灵活性受到限制，失去了上级和同事的支持）的员工可能会选择防御性的沉默（Dyne et al.，2003）。因为员工所提的建议（Voice）经常会包含一些对现状的或含蓄的或明显的批评，而被批评的目标群通常掌握着奖惩权。如果在组织中，向同事提出建议不会遭受伤害或拒绝的话，人们的心理安全感会较高。

Edmondson（2004）认为，个体在做微观行为决策的时候，是不断评估其在特定环境下从事某种行为产生的人际风险问题。人们不断会问自己这样的问题，在某种特定情境下采取了一定的行为，自己会被批评或遭遇窘境吗？正因为群体态度及行为对个人的决策行为产生重大影响，心理安全气氛这一构念与信任这一构念非常接近。这两个构念都描绘人们对他人行为的喜爱及接受程度，不过心理安全气氛构念的含义比信任更加宽泛（Edmondson，2004），因为其还包含受尊敬、心理舒服的含义。

很多学者把心理安全看成是一种心理气氛：个人对工作、学习环境带给其舒适度的一种心理反应（James，1989；Schneider，1983）。群体中的每个人对于所处同一个环境都有其自身的心理感知气氛。这种感知受个人的认知及偏见所左右。因此，心理安全可以放到个体层面进行考量。

2.3.1.3 团队心理安全气氛

有关心理安全的研究大多是建立在早期的组织变革研究中，当团队成员感到安全及有能力改变时，在组织中创造心理是被需要的（Schein & Bennis，1965），研究指出在团队及组织当中信任是相当重要的（Golembiewski & McConkie，1975；Kramer，1999），团队的心理安全气候是建立在彼此信任上，此时团队气候的特征是彼此相互信任及互相尊敬。除此之外，团队心理安全同时是建立在成员具有相似的认知及在此社会系统中成员具有相似的信念的基础上（Klimoski & Mohammed，1994），因为具有相似的认知，在团队互动过程中可以不用担心面子问题，因此团队心理安全可以在工作团队中促使学习行为的产生（Edmondson，1999）。

Schneider建议组织中存在多种气候，探讨时最好针对其特殊性质加以区分，比如服务气氛、创新气氛、支持气氛、公平气氛、安全气氛等不同类型研究。本书着重于团队角度，致力于探讨团队效能是否取决于团队成员之间的心理安全。过去有关心理安全的文献大多注重个人层面，直至Edmondson针对团队研究提出团队心理安全，即是指团队成员在人际间承担风险的过程中所感知到安全的共享信念，这种感知取决于团队成员在向团队发起疑问或提出谏言时，不会遭受拒绝或感到困窘的一种信任感，而信任感是在成员间相互信任并彼此尊重的基础上产生的。因此，高团队心理安全的特征是相互信任和尊敬的，成员相信在团队中畅所欲言或挑战主流意见不会被指责、排斥与处罚。

此外团队心理安全是建立在认知与信念相似的成员身上，当团队成员间背景相似，彼此有共享的生活经验和价值观，不但容易产生互动与合作，甚至为达成共同目标，当团队决策时会愿意贡献自己的想法，更准确地传达信息给对方。过去有相关的团队文献表明，团队中人口统计（Demograph）变量的相似度，会影响个人对知识分享价值观的认同，知识传递者与接收者在经验上的相似度有助于提升知识分享的意愿，从而达成更高团队工作效果。然而，团队成员多数来自不同的背景和领域，会因所学的专业训练与专业术语的不同产生沟通问题，并且成员对某一特定事件视为理所当然的认知会有所不同。此外，团队面临变革时，团队成员必须适应流程、环境背景的变化及其他成员的变动。然而，团队成员可能因习惯了例行常规，这就会使团队在发展时变得格外困难。或者，团队成员对变革感到焦虑，因而减少对团队中的问题及重要事项畅所欲言的意愿。此外，来自团队中的权力差距（Power Difference）也会使成员在倾诉想法、讨论问题时所面临的人际互动风险更加严重，权力较小的成员自然会戒慎恐惧，不愿自曝其短及承认错误与失败，对团队成员来说保持沉默才是安全的。然而这种拒绝发言虽然能保护团队成员自己，但对团队却是有害的。因此，对团队而言，创造心理安全才是最大的挑战。

综上所述，团队心理安全气氛是建立在团队成员彼此的相互信任和彼此尊重上。Edmondson（1999）将团队心理安全气氛定义为团队成员在团队的运作过程中，能放开心胸从事冒险的行为（建议、提问等），而这种行为能够被其他团队成员所接受，并且团队成员互相尊重及彼此信赖。

2.3.2 团队心理安全气氛与相关变量的关系

2.3.2.1 团队心理安全气氛的前因变量

2.3.2.1.1 团队领导者指导及团队情境支持（Team Leader Coaching and Context Support）

清晰、明确、有竞争力的团队目标、合理可行的团队设计（包括团队情境支持，如充沛的资源、信息及奖励）以及团队领导者行为（如指导及设定发展方向）已经证明可以提高团队效能（Hackman，1987；Wageman，1998）。这些结构变量成为研究团队心理安全气氛前因变量的新起点。Edmondson（1996，1999）认为，团队情境支持对于团队心理安全气氛有着正向影响，因为有权获取资源和信息可以降低在团队中的不安全感及防范意识。团队领导者的行为更显突出，团队成员会注意彼此之间的言行，但更为关注领导者的行为。如果领导者是支持型领导者，以指导教练团队成员为导向，对于疑问及挑战采取接纳态度，团队成员会认为团队拥有安全氛围，反过来，如果团队领导者表现为专制或严厉，团队成员则不愿冒人际风险（如讨论错误等）进行学习行为。实证结果也证实，团队情境支持显著正向预测团队心理安全气氛，团队领导者指导基本显著预测团队心理安全气氛（Edmondson，1999）。

2.3.2.1.2 团队断层（Team Faultlines）

“团队断层”是指一个团队被一根假想的分割线分成几个子团队（Groups），这一概念由地理学概念借鉴而来。组织管理学中的“断层模型”认为，当团队可以划分为不同子团队（甚至非正式子团队）时，团队成员的团队认同感（Identity）更多受子团队而不是整个团队的影响（Lau & Murnighan，1998）。强断层团队（Strong - Faultline Groups）的团队成员更容易接受与子团队成员相似的论断和价值观，而弱断层团队（Weak - faultline Groups）的成员更多地关注整体团队而非子团队（Phillips，Mannix，Neale & Gruenfeld，2004）。

弱断层团队更容易表现得像一个单一工作单位，能更好地“提问，寻求反馈，做实验，对各种结果做出应对，讨论工作错误及不可预测的结果”（Edmondson，1999）。相关工作信息的交流能够加深团队成员对于工作任务的理解程度，从而更好地完成团队工作。团队内部的交流能营造心理安全气氛，有利于人际关系的协调。团队成员通过分享价值信念，建立彼此之间的理解及信任。心理安全气氛使得团队成员能交流一些敏感信息，明确团队成员所犯错误，提出解决方案，建立相互信任（Mayer，Davis & Schoorman，1995），因此更好地完成团队工作及提高团队工作满意度。香港中文大学的 Dora C. Lau 用实验研究的方法分析了人口统计学断层（Demographic Falutlines）对于团队内部沟通（Intragroup）及跨子团队沟通（Cross - subgroup）的影响，研究发现，断层可以解释团队学习、团队心理安全气氛、满意度及团队绩效的大部分方差，从而从理论及实证角度说明了强断层团队会引致更低的团队心理安全气氛，而弱断层团队会引致更高的团队心理安全气氛（Dora C. Lau & J. Keith Murnighan，2005）。

2.3.2.1.3　地位（Status）

地位是指与个人有关的声望（Prominence）、尊重度（Respect）及影响力的等级程度，这是由个人的某些特征所决定（Anderson，John，Keltner & Kring，2001），如年龄、受教育程度、种族、性别、组织职位、职业、财富等（Bacharach，Bamberger & Mundell，1993；Benoit - Smullyan，1944）。个人拥有备受尊重的特征或拥有的地位特征越多，越会被认为比其他缺少这一特征的人更有地位。在此，地位也是指在社会等级体系当中人与人之间的相互位置（Benoit - Smullyan，1944）。

组织沉默理论（Organizational Silence）认为，威胁感和（或）风险感是员工是否愿意畅所欲言的决定性因素之一（Ashford，Rothbard，Piderit & Dutton，1998；Detert & Edmondson，2005；Edmondson，2003；Milliken，Morrison & Hewlin，2003；Morrison & Phelps，1999；Ryan & Oestreich，1991）。畅所欲言会在员工认为不会受到他人批评或是负面评价的非拘束状态下产生，这种状态其实就是团队心理安全气氛。在大多数组织中，地位高的人相比地位低的人享有更多的发表言论及评价的权利，因此在众人面前会更多地自由表达自己的看法，而这是地位低的人所不可能享有的权利。厚黑学（Research on Politeness）认为，地位低的员工在称呼地位高的员工的时候更多的是“面子工程”（Facework）（Brown &

Levinson，1987）。随着地位的增高，人们越来越不关心是否损坏了他人的颜面，更加自由和随意地表达自己的观点和看法，对他人提出更多要求，而且口头上更少表达出抱歉、谦逊或敬重的态度。地位与谦逊态度的相反关系说明，不同地位的团队的团队心理安全气氛是不同的。基于地位的心理安全气氛感知会有明显不同，早在 Kahn（1990）的研究中就已经有理论上的论述。Kahn 分别研究了一家建筑公司和一家夏令营，结果发现，地位低的人与地位高的人进行交流比与同等地位的人进行交流更让人感觉沉闷和紧张。地位低的人缺乏自信，害怕地位高的人会拒绝和批评他们的不同意见。Nembhard 和 Edmondson（2006）两位学者认为在跨学科团队（Cross－disciplinary Teams）中，地位高的人比地位低的人更多地体验到团队心理安全气氛，简单地说，就是地位能够正向预测团队心理安全气氛。上述两位学者用实证方法验证了这一论断。

2.3.2.1.4 领导者的包容（Team Inclusiveness）

团队领导者的行为会影响团队的内部活力，特别对团队气氛和学习导向产生影响（Baker，Murray & Tasa，1995；Edmondson，1999；Hult，Hurley，Guinipero & Nichols，2000；Madhavan & Grover，1998；Norrgren & Schaller，1999；Shortell，Rousseau，Gillies，Devers & Simons，1991；Yukl，1994；Zimmerman et al.，1993）。团队成员会与领导者行为保持一致，从团队领导者的行为中捕捉有关信息，知道在团队互动中什么能做和什么不能做（Tyler & Lind，1992）。如果团队领导者采用专制、反对、保守的立场，团队成员会认为在团队内部畅所欲言是不安全的（Unsafe）。相反，如果团队领导者采用民主、支持、愿意听取意见和接受挑战的立场，团队成员的团队心理气氛感知更高，更愿意在彼此之间产生互动。

领导者的包容由 Nembhard 和 Edmondson 提出来（2006），即是指领导者的言行举止所表露出来的对团队成员所做贡献的鼓励和欣赏。领导者会把团队成员聚集在一起参与讨论，从而听取他们的意见和看法，而这些意见和看法对团队成员而言，平时可能是不愿意提出的，这就体现了领导者的包容。领导者的包容与领导者的指导行为（Team Leader Coaching Behavior）及参与型领导者行为（Participative Leadership）有关。领导者的指导行为指团队领导者促进团队工作进展，明确绩效目标，目标完成后提供反馈的行为（Baron，1990；Edmondson，1999），而参与型领导者行为是指领导者与下属一起磋商，一起共享决策并把决策权下放给下属的行为（Bass，1990；McGregor，1960；Yukl，1994）。领导者的包容与这两个构念又有所不同，因为直接与由地位及权力差序（Power Differences）决定的情境有关，而且仅指领导者认可他人意见和观点的行为。

领导者的包容可以说是领导者通过直接表达善意邀约（Invitation），从而营造良好团队心理安全气氛，使员工畅所欲言。通过善意邀约和正面评价，领导者的包容得到体现，员工从而相信自己提出的建议是有价值的（Valued）。Nembhard 和 Edmondson（2006）两位学者认为，领导者的包容正向预测团队心理安全气氛，并以实证结果验证了这一说法。

在这里，我们看到了领导者的包容和领导者指导行为与参与型领导的区别和联系，明白了领导者的包容是符合一定的具体情境下特指一定的行为（善意邀约、正面评价等），而领导者指导行为和参与型领导两个构念的适应情境更广，这对我们研究不同的领导风格或行为影响团队心理安全气氛提供了更多的启示。

2.3.2.1.5 社会资本（Social Capital）

依照美国社会学大师 Coleman（1988）的定义，社会资本是人际关系结构中的某些促成人们产生合作行为的要素。换言之，有了这些要素，一群人的互动会产生合作，因而产生一加一大于二的力量，反之，则互相内耗，互扯后腿，一加一反而小于二。社会学者 Brown（1999）将社会资本总结为三大类——微观层次的社会资本、中观层次的社会资本，以及宏观层次的社会资本。微观层次的社会资本研究了个人如何通过建立社会关系来获得所需资源——信息、工作机会、知识、影响力、社会支持以及长期合作等。中观层次的社会资本探讨了社会结构问题，包括个人因其在社会结构中所处特定位置而对资源的可获得性，如中心者可以取得领导地位与非正式权力，中介者则有媒介交易的利益，“关系”更可以在两个团体间取得沟通有无的商业机会以及鹬蚌相争下的渔翁之利。另外在结构研究方面，则是指向团体层次，团体的权力集中度、是否有小团体以及关系是否紧密都会影响此团体的内部和谐与工作绩效。而社会资本的宏观分析关注的则是在一群人中包括团体、组织、社会或国家相互信任、自我组织并表现公民行为的

情况。

与布朗这种三层次分类方法不同，管理学者 Adler 和 Kwon（2002）采取了一种两分的分类方法。他们将微观层次和部分中观层次的社会资本合称为“外部社会资本”，因为它产生于某一行动者的外在社会关系，其功能在于帮助行动者获得外部资源。而宏观社会资本与部分的中观社会资本则被他们称为“内部社会资本”，因为它形成于行动者（群体）内部的关系，其功能在于提升群体的集体行动效率。前者归属于个人而且服务于个人的私人利益，因此被管理学者 Leana 和 Van Buren（1999）称为“私人财货”（Private Goods）社会资本。后者则正好相反，它被视为一种“公共财货”（Public Goods），因为它归属于某一群体，而且服务于该群体的集体利益。

内部/外部社会资本是指团队成员之间及成员与外部人员（如顾客、供应商等）之间的社会网络关系（K. Pennar，1997）。通过这种网络关系，团队成员可以学习、创造及获取有用的知识。这种观点吸引了社会学习理论的关注，因为社会学习理论认为学习活动涉及人员之间的互动行为（B. Elkjaer，2003；S. Gherardi，D. Nicolini & F. Odella，1998）。人员之间的沟通与互动可以加深对问题的理解和创造新的知识。Doise 和 Mugny（1984）的实验研究表明，两个不同年纪的小孩之间因为不能形成一定的社会关系（年龄大的小孩对年龄小的小孩一点也不尊重），所以不能共同完成下达的既定工作任务，因而，对于学习活动而言，人员之间的互动是多么的重要。根据 Doise 和 Mugny 的研究，Bogernrieder 提出了社会认识学习理论（Sociocognitive Theory of Learning），认为社会结构设计是组织学习的一个先决条件，即学习活动的形成与发展不仅仅是通过认识的差异实现，而且要通过某种社会关系才能实现（I. Bogenrieder，2002）。Dutton 等人发现，两个人之间高质量的沟通关系可以提高学习能力（Dutton，2003；Dutton & Heaphy，2003 ；Dutton & R. E. Quinn，2003）。

Edmondson（1999）研究了某家医院部门的人际关系质量（Quality of Interpersonal Relationships）与差错率之间的关系，与期望结果相反的是，部门（团队）里的人际关系质量越高，差错率反而越高。这些部门（团队）的领导者都着手营造一种积极向上的气氛（如开言纳谏），从而使员工相信犯错及讨论错误是安全的，即形成一种心理安全气氛。因此，人际关系质量高部门（团队）所报告的错误数比人际关系质量低部门要更多一些。因为，部门（团队）成员认为本部门（团队）具有安全气氛，能够承受人际风险，从而认为批评和拒绝其他成员提出的建议和意见也不会感到尴尬。

Abraham Carmeli（2007）认为，社会资本正向预测心理安全气氛及基于错误之上的学习活动（Failure - based Learning Behaviours），他一共收集了以色列 33 家企业（其中，14 家来自工业部门，19 家来自服务业）的 137 位员工（每个企业至少 1 名高层管理者，1 名中层管理者，其他为低层管理者或基层员工，每个企业抽取 4 ~7 名人员）问卷作为样本，以实证的方法验证了上述研究假设，并且更进一步得出，心理安全气氛在社会资本和基于错误之上的学习活动之间起着部分中介作用。

2.3.2.1.6 高质量人际关系（High Quality Relationships）

组织成员间的关系质量是有益于组织员工工作环境的基础（Dutton，2003；Dutton & Heaphy，2003；Ragins & Dutton，2007）。高质量关系的一个重要表现就是关系协调（Relational Coordination），即“为了完成共同目标进行的沟通与关系之间的互动强化过程”（Gittell，2002）。关系协调包括三种高质量关系——共享目标、共享知识以及互相尊重（Gittell，2002，2006）。而关系协调和高质量关系这两个构念在概念上是相近的（Dutton，2003；Dutton & Heaphy，2003；Dutton & Ragins，2007；Abraham Carmeli，2009）。

Edmondson（2001）的一篇文献里，研究了外科手术室里的团队心理安全气氛，认为科室（团队）成员的分工以及因为分工在组织里扮演着不同的角色，会抑制团队心理安全气氛。举例来说，外科医生、护士与麻醉师会囿于各自的角色分工、专业知识及地位的不同，即使患者的情况比较危急，也不愿进行角色外（Out of Role）行为（如提出质疑）。如果同事之间各自的发展目标是相互竞争的，员工有可能相互指责对方的错误问题，而不是去包容错误、共同学习，这样就不可能感受到团队心理安全气氛。相反，如果员工拥有优于个人目标的共同发展目标，在工作过程中相互联系共享知识，相互尊重相互信任，在开放的氛围中畅所欲言，员工彼此之间就不会相互责备，更有可能感受到心理安全气氛。基于此，Abraham Carmeli（2009）的两篇文献里，都提到了高质量关系能够正向预测

心理安全气氛，并用实证分析得到了相应验证。值得注意的是，他的两篇文献是针对组织层面的心理安全气氛，不过他的问卷设计还是以 Edmondson 的团队心理安全气氛七条目指标为准，只不过也是把“团队”二字换成了“组织”二字。因此，Abraham Carmeli 的研究还是没有跳出团队心理安全气氛的分析范畴。

2. 3. 2. 1. 7　组织支持（Organizational Support）

Jeroen Schepers 等（2008）把团队心理安全气氛引入到了教育行业，分析了心理安全气氛对于“群件技术采用”（Groupware Technology Adoption）的影响，并提出了影响团队心理安全气氛的前因变量：组织支持。组织支持理论常用于组织行为学（Rhoades & Eisenberger，2002），这种理论认为，因社会情感需要（如感知安全）（Socio - emotional Needs），员工对组织认可员工贡献度方面及组织关注员工福利方面存有自身的评判（Eisenberger et al. ，1986）。员工感知的组织支持越高，员工幸福感越高，这样去工作，感到的工作压力与焦虑就越小（Rhoades & Eisenberger，2002）。

Edmondson（2004）认为，领导者的平易近人会让员工觉着工作舒适。此外，处于支持、开放、相互尊重的工作环境中的人与人之间的关系对心理安全气氛有重要影响（Edmondson，2004；May et al. ，2004）。May 等（2004）也实证证明了员工间的关系与主管间的关系正向影响心理安全气氛。因此，在教育行业里，Jeroen Schepers 等（2008）认为，感知的导师支持与感知的同学支持能正向影响学生的团队心理安全气氛并得到了相关验证。

教育系统是一个多层次系统，技术能实现组织内部跨层次学习活动（Mooij，2004）。研究者也发现，团队成员的个人感知能够累加（Aggregated）到团队层次进行分析（Chen & Bliese，2002；Mathieu et al. ，2000）。累加层面的构念能够反映团队内个体成员的协同（Synergetic）作用，而这部分作用不可能在个体层面得到反映，所以团队层面的感知就会对团队心理安全气氛产生不一样的作用。举例来说，团队内某个学生对组织支持的感知很低，而其他学生对组织支持感知很高，随着学生之间的相互影响形成共同认知，组织支持认知感低的学生会慢慢地调整自己的感知，以使自身的感知与团队的感知保持一致。所以，共同的团队感知与个体的感知是不一样的。因为团队成员间的社会动力学（Social Dynamics）

会聚合个体的感知，领导者的支持往往反映团队层面而非个体层面。

大量研究表明，组织层面前因变量的实现是基于直接同意模型（Direct Consensus Model）（Jeroen Schepers et al.，2008），即团队层面的变量得分由个体层面的分数（Score）累加而成（De Jong，De Ruyter & Lemmink，2004）。

因为个体层面与团队层面的变量关系可能会有所不同，Jeroen Schepers 等（2008）不仅研究了个体层面下导师支持与同学支持对团队心理安全气氛的影响，而且也研究了团队层面下导师支持与同学支持对团队心理安全气氛的影响。结果发现，团队层面，感知的导师支持能正向影响学生的团队心理安全气氛，而感知的同学支持能正向影响学生的团队心理安全气氛的假设却并没有通过验证。

2.3.2.1.8　边界工作（Boundary Work）

时至今日，组织中的工作团队变得越来越去官僚化（Debureaucratized）（Denison，Hart & Kahn，1996）、无边界化（Boundaryless）（Kerr & Ulrich，1995）、网络化（Network Based）（Majchrzak，Jarvenpaa & Hollingshead，2007）、临时结构化（Temporarily Structured）（Bechky，2006）、地理分散化（Geographically Dispersed）、电媒中介化（Electronically Mediated）（Gibson & Gibbs，2006；Kirkman & Mathieu，2005）。跨功能团队（Cross－functional teams）与员工参与各种团队（Marks，De Church，Mathieu，Panzer & Alonso，2005）变得越来越流行，因此，团队组织结构上的这种变化令团队如何更好管理边界活动面临困难（Cappelli，1999）。此外，工作团队越来越要求团队个体成员具备不同专业技能，共同完成复杂课题，并且能创造知识及知识能跨越团队边界、组织内部边界甚至是组织间边界进行传递（Argote，McEvily & Reagans，2003；Majchrzak et al.，2007；Reagans & Zuchkerman，2001）。

团队边界工作是指工作团队致力于建立和维护边界，管理各种跨边界的活动。对于团队来说，最重要的问题是如何建立具有良好渗透性（Porous）的边界，从而让资源和信息能够通过边界降低选人用人的风险，最终达成团队目标（Hackman，2002）。因此，团队边界工作包括获取信息和资源，协调与外部利益相关者（External Stakeholders）的关系，以及防止团队资源（包括团队成员的时间和精力）被用来承接私活（Ancona & Caldwell，1988；Hansen，1999；Reagans &

Zucherman，2001），包括维护内部边界，使员工忠于职守（Druskat & Wheeler，2003；Hirschhorn & Gilmore，1992；Hirst & Mann，2004；Victor & Stephen，1994）。

Samer Faraj 和 Aimin Yan（2009）把团队边界活动分为三种：边界扩张（Boundary Spanning）、边界缓冲（Boundary Buffering）和边界加强（Boundary Reinforcement），他们以 64 个软件开发团队为样本，验证得到，团队边界活动能够正向预测团队心理安全气氛。具体来说，边界缓冲、边界加强正向预测团队心理安全气氛的假设通过了检验，而边界扩张正向预测团队心理安全气氛的假设没有通过检验。

2.3.2.2　团队心理安全气氛的结果变量

2.3.2.2.1　团队学习

Edmondson（1999）认为，团队心理安全气氛有助于工作团队成员采取学习行为，因为在学习过程中经常会使人产生尴尬或威胁感，这种安全气氛降低了团队成员对于其他团队成员的过度关注。举例而言，因为团队成员不愿被他人视为无用之人，所以不愿犯错或保持沉默，而正是某些犯错却有助于团队进行变革。相反，如果团队成员感觉到受到他人尊敬及确信其他团队员不会对其产生敌意，多提意见而非保持沉默是绝佳选择。一般来说，人们更倾向于服从社会标准及遵循社会价值体系（Tyler & Lind，1992）。Argyris 和 Schon（1978）在人际风险（Interpersonal Threat）与学习行为之间建立了联系，认为人际风险阻碍了学习行为，不过，他们并没有把人际风险上升到配对（Dyad）及团队层次的分析。因此，Edmondson（1999）提出，团队心理安全气氛在不同团队之间会有所不同，人际风险的学习行为（Interpersonally Threatening Learning Behavior）可能在有良好团队心理安全气氛的团队中产生，实证研究表明，团队心理安全气氛显著正向预测工作团队中的学习行为（Edmondson，1999）。关于团队心理安全气氛能够正向预测各种团队学习行为的论断得到了众多学者的实证支持（林明杰等，2007；Abraham Carmeli et al.，2007；Anita L. Tucker et al.，2007；陈国权等，2008；Abraham Carmeli et al.，2009）。

2.3.2.2.2 组织绩效（Firm Performance）与团队绩效（Team Performance）

Markus Baer 和 Michael Frese（2004）在研究过程创新（Process Innovations）中引入了组织层面的气氛构念：创新气氛及心理安全气氛。过程创新是指组织改变生产及服务过程的新尝试，需要产生采用及实施创新的氛围。47 家中等规模的德国公司被用于检验过程创新、心理安全气氛以及公司绩效之间的关系。结果表明，心理安全气氛与组织绩效的两个衡量指标（Measure）——资产收益率的水平变化（Longitudinal Change in Return on Assets）及组织目标实现（Firm Goal Achievement）正向相关，同时，心理安全气氛在过程创新与组织绩效的正向相关关系中起调节作用。在这里，Markus 和 Michael 用到的是 Edmondson 的团队心理安全气氛这一构念，不过他们把这一构念由团队层面扩展应用到了组织层面，在实证的过程中也运用了 Edmondson 关于衡量团队心理安全气氛的 7 个问题项，不过把其中语句中的“团队”改成了“组织”。根据实证结果可以看到，心理安全气氛不但与团队绩效相关，也与中等规模的企业绩效相关。这就给进一步研究心理安全气氛提供了更多的借鉴。

关于团队心理安全气氛对于团队绩效的影响，Edmondson（1999）、陈国权等（2008）、Samer Faraj 和 Aimin Yan（2009）都认为前者对后者存在正向作用，并以相关实证分析得到了证实。

2.3.2.2.3 团队工作态度（Attitude Toward Teamwork）

理论及实践证明，团队工作可以用来提高组织绩效，因此企业希望新进员工掌握团队工作技能。虽然企业给新员工也提供在岗培训（On - the - job Training），但也希望新员工能够理解团队协作之于企业的重要性。为了缩短新员工学习团队协作的过程，企业希望新员工（应届生）接受高等教育机构的培训（Busse，1992；Alexander & Stone，1997；Mefarland，1992；Kunkel & Shafer，1997）。顺应这种需要，很多高校开始在大学课堂上提供这种培训（Cohen & Bailey，1997；Katzenbach & Smith，1993；Guzzo & Dickson，1996；Devine et al.，1999）。来自教育研究机构的研究表明，这些企业学员都能认识到团队工作对于提高人际关系的重要性，但是在实际工作中仍然喜欢单打独斗（Porter，1993；

MCCorkle et al. , 1999)，而研究也表明，真正把团队协作引入实际工作中会受很多其他因素的影响（Venter & Blignaut，1998；Kunkel & Shafer，1997；Manzer & Bialik，1997)。这些因素如果没有处理好，会给工作场所中的团队工作带来负面影响，从而使员工不愿继续从事团队协作（Pfaff & Huddleston，2003)。而负面影响又会使员工对团队工作产生负面态度（Krug，1997)。因此，教育研究工作者想方设法找出影响团队工作效能的种种因素。Adams 等（2002）发现，团队工作的有效性受到七种主要因素的影响——工作冲突解决（Productive Conflict Resolution)、成熟沟通机制（Mature Communication)、工作角色清晰（Role Clarity)、互助有利（Accountable Interdependence)、目标明确（Goal Clarification)、共同目标（Common Purpose)、心理安全气氛（Psychological Safety)。Bianey C. Ruiz Ulloa 和 Stephanie G. Adams（2004）为了验证员工团队工作态度与这七种影响团队工作效能的因素之间的关系做了相关研究，结果发现，团队工作过程中的成熟沟通机制、互助有利、团队心理安全气氛、共同目标、工作角色清晰以及目标清晰能正向预测员工个体的团队工作态度，而工作冲突解决这一变量与团队工作态度的关系并不显著（可能存有共线性的问题)。在 Adams 的这篇文献中，团队心理安全气氛与团队工作态度的相关系数为 0. 688（$P < 0.01$)，从一个方面说明，团队心理安全气氛对于团队工作态度有重大影响。

2. 3. 2. 2. 4　团队中的组织公民行为

研究表明，主要有两方面的原因导致了组织公民行为的产生：个体原因和群体原因。在个体层面，团队成员的满意程度能够导致组织公民行为的产生，而团队心理安全有利于团队成员的满意度提高。Edmondson（1999）发现，当团队中建立起了心理安全这样一种共同信念时，团队成员在正常的组织学习和创新过程中就不会有很大的心理障碍，也能够更加自然地参与到学习和创新过程中去。所以在存在团队心理安全的情况下，团队成员的工作满意度就比较高。在群体层面，团队的和谐程度能够导致组织公民行为的产生。如果团队中心理安全气氛程度比较高，团队成员之间的关系就比较稳定和自然，不会有心理隔阂，那么团队的整体和谐程度也会比较高。正因为团队心理安全气氛有利于团队成员个体的满意度和团队整体的和谐程度提高，而个体满意度和群体和谐度是导致组织公民行为的因素，因此，团队心理安全气氛也就有利于团队中组织公民行为的产生。唐翌（2005）对团队心理安全气氛与组织公民行为的关系进行了理论与实证研究，该研究发现，在以组织公民行为为因变量的条件下，团队心理安全的回归系数非常显著，这说明团队心理安全气氛确实能够促进组织公民行为。

2.3.2.2.5 团队创新（Team Innovation）

团队和创新已经成为新经济条件下企业所关心的重要问题，而团队如何创新的问题则更为理论界和实践界所关注。在分析团队学习乃至团队创新的时候，有两个理论学派：适应性学习学派（Adaptive Learning）和专家干预学派（Expert Intervention）（Edmondson，1999）。前者主要关注团队如何通过自身的学习来改变陋习（Routine）、促进创新；后者主要关注如何运用外部专家来促进创新。但是这些理论在实证方面的结果常常很不一致（Organ D. W.，1988）。于是在20世纪90年代中后期，组织行为学开始从团队成员的心理认知层面以及人际关系因素来分析团队创新问题。其中比较引人注目的是团队心理安全气氛理论。

以往的研究认为团队心理安全气氛有助于团队创新的实现，而关于团队心理安全通过怎样的具体机制来影响团队创新则一直存在争议。唐翌（2005）认为，组织公民行为能够充当这一过程的中介变量。团队心理安全影响团队创新的途径可能是：团队心理安全能够导致组织公民行为，而组织公民行为则能够导致团队创新。唐翌以香港一所全日制综合性大学商学院的350名本科学生，形成58了个小组团队作为样本，采用实证分析方法，验证了上述假设。这一结果说明，团队心理安全气氛不但对团队创新有着直接正向影响，还能通过相关中介变量如组织公民行为来间接影响团队创新。

2.3.2.2.6 质量改进承约（Engagement in Quality Improvement）

Nembhard和Edmondson（2006）两位学者认为，心理安全气氛能够促进卫生保健团队保持质量改进承约。这是因为，首先，参与质量改进要求团队成员尝试运用新技术和新程序，对任务与团队成员之间的关系持“留心”态度（Mindful）（Weick，2002），在团队进程当中乐意提供和接受反馈信息。期间的行为有可能出现人际风险，但团队成员在行动上并不会有所保留，而是勇于对当前实际工作提出质疑，彼此之间分享“挑刺”的（Provocative）意见，让团队接受挑战从而找到更好的创新解决方案。如果缺乏团队心理安全气氛，质疑新程序、突破专家地位边界（Professional Status Boundaries）、主动提供反馈意见都可能极具风险（Kahn，1990）。

其次，研究者发现，在认为团队内部是充满敌意的时候，团队成员愿意参与解决问题的活动会显著减少（Dutton，1993；MacDuffie，1997）。事实上，团队成员更可能是减少学习行为（Argyris & Schon，1978）。带来的后果就是，团队成员脱离团队或者是减少相应的团队工作，Kahn（1990）把这一现象称之为“人际失约”（Personal Disengagement）。而心理安全气氛能让员工乐于改变个人习性，积极参与质量改进和扮演好自己的个人角色（Schein & Bennis，1965）。

Nembhard 和 Edmondson（2006）两位学者以23个承担质量改进项目的重病特别护理团队小组为样本，实证验证了这一判断：团队心理安全气氛正向预测质量改进承约工作。

2.3.2.2.7 团队项目实施成功（Implementation Success of a Unit's Portfolio of New Practices）

学习活动可以产生三种知识，分别为“是什么”（Know - what）、“怎样做”（Know - how）“为什么”（Know - why）（Garud，1997）。Anita L. Tucker（2007）等学者根据研究需要，认为在获取知识之前，最重要的活动是不断地探索和学习，所以在研究医院内部上马各种新项目的学习活动时，借鉴 Garud 对学习知识的三种分类，把学习活动本身分为两类：“学什么”（Learn - what）和“如何学”（Learn - how）。“学什么”即那些可以确定选取最佳项目的学习活动，“如何学”是指那些可以把新项目应用到新组织的学习活动。研究表明，“学什么”需要不断实验及合作解决问题，往往容易出现在支持的组织情境中（Edmondson，1999；Klein et al.，2001）。本书前面就已提到，组织情境支持包括很多方面，如管理者鼓励合作解决问题行为，组织支持（如资源、完成目标奖励）（Hackman，1990；Klein et al.，2001）以及心理安全气氛（Baer & Frese，2003；Edmondson，1999）。理论上而言，管理者支持（指导）与组织支持会产生心理安全气氛。因此，团队心理安全气氛能体现管理者支持与组织支持（Edmondson，1999），所以团队心理安全气氛是“组织情境”的一个非常好的指标。

卫生保健组织的业务变革相关研究表明，心理安全气氛非常重要，可以促使公开讨论错误（如僵硬的等级体制）、对体制造成的小事故进行批评（Institute of Medicine，2001）。对一项实施新的外科手术程序的心脏病医疗团队研究发现，心理安全气氛是一个关键性的因素（Edmondson et al.，2001）。这一研究是在团队层面进行的，也有其他研究表明，组织层面（Organization - level）的心理安全气氛同样会影响到结果变量（如创新，参见 Baer 和 Frese，2003 的文献）。

因此，Anita L. Tucker 等（2007）认为团队心理安全气氛能正向预测团队项目实施成功，并以 23 个新组建的重病监护团队为样本，这些团队都在实施新的医疗程序或改进原有的医疗程序，最终实证证明了他们的论点并得出了良好的结论。另外也发现，“如何学”的学习活动在团队心理安全气氛和团队项目实施成功的关系中起部分中介作用，因而也为深入研究团队心理安全气氛与团队学习的关系提供了新的视角。

2.3.2.2.8 工作活力（Vitality at Work）与创新工作投入度（Creative Work Involvement）

工作活力：“活力”是指个人的正面主观感受，如精力充沛（Nix，Ryan，Manly & Deci，1999）、思维活跃（Christianson，Spreitzer，Sutcliffe & Grant，2005；Spreitzer et al.，2005）、充满热情（Zest）（Miller & Stiver，1997）等。一些学者把积极的社会气氛（Positive Social Climates）、高质量人际关系情境（Context of High - quality Connections）与“工作活力”的提升联系在一起（Ryan & Frederick，1997）。积极的社会气氛可以由员工之间的高质量人际关系得到体现，也可以是员工感知到心理安全气氛当中的一种情境。Dutton 和 Heaphy（2003）的高质量人际关系理论认为，高质量人际关系的一个主要心理作用是工作当中的“活力”感受，并且认为人际关系是决定工作热情的一个关键因素，即让员工有“渴望工作及能够做好”的感觉。同样，Spreitzer 等（2005）认为，特有的工作环境可以给员工提供所需的工作条件。他们用模型提出，各种情境变量与人际关系能提高员工的热情与活力的动力感（Sense of Agency），最终能达成员工的个人成长、学习及工作活力。

此外，Quinn 和 Dutton（2005）的“会谈中工作活力调整”理论模型（Theoretical Model of Coordination as Energy - in - conversation）认为，工作场所中员工之间的交谈能提升或降低员工的工作活力，进而影响员工的工作投入（Efforts），最终影响工作绩效。这两位学者同时认为，组织中员工之间的沟通是工作活力的基石，而且员工的工作活力受沟通的影响。根据自我决定理论（Self - determination Theory）（Ryan & Deci，2000），如果员工在人际沟通与对话中感受到具有工作自主性、竞争力及工作相关性，员工的工作热情与工作活力会得到提高。

因此，Ronit Kark 和 Abraham Carmeli（2009）认为，员工沟通中感受到心理安全的气氛能够提升员工的活力感，他们对这一假设做了实证论证，并得到了肯定的结果。

创新工作投入度：创新（Creativity）通常是指产生新颖、有用的创意或解决问题的方案（Amabile，1983，1996）。根据这一定义，Ronit Kark 和 Abraham Carmeli（2009）认为：员工创新是指员工提出新颖、原创的创意、产品及工作程序，最终有利于整个组织。创新工作投入度与创新绩效（Creative Performance）有所不同。创新工作投入度是指员工参与创新的过程（时间、精力），是指员工对自身参与这一过程的主观评价（Carmeli & Schaubroeck，2007），而创新绩效是指创新投入所获的结果。Ronit Kark 和 Abraham Carmeli（2007）认为，创新过程及其创新结果的研究很多（Amabile，1988；Oldham & Cummings，1996；Tierney et al.，1999），但是创新研究的关键问题——如何激励员工在工作过程中进行和保持创新却研究得不够深入（Amabile，1998；Janssen，van de Vliert & West，2004；Scott & Bruce，1994），因此 Ronit Kark 等人把研究兴趣集中在这一块，并具体研究了员工在创新过程中的投入程度。

产生新的想法、提出新的发展方向、工作具有创造性需要在心理安全的气氛下产生，因为提出这些探索性的想法和建议可能是冒险的（Risky）。Baer 和 Frese（2003）发现，心理安全气氛能正向预测过程创新（Process Innovativeness）。虽然过程创新（Process Innovativeness）和员工创新（Individual Creativity）两者的概念有所不同，但是这一论证也说明了心理安全气氛对于参与创新过程的重要性。

新颖的创意以及创新发明刚开始都可能被认为是荒谬的或不切实际的，并且在开发和实施这些产品或创意的时候，会面临很大的不确定性及失败的风险，因此，心理安全气氛低的情境下，员工创新工作的投入很可能带来负面的结果（比如说，信任降低；被看作傻瓜；更有甚者，有时会受到制约等），在这种情况下，员工就不愿投入到创新工作中去。

Ronit Kark 和 Abraham Carmeli（2009）因此认为，心理安全气氛能够正向预测员工的创新工作投入度。他们用以色列一所大学的 128 名来自不同企业工作岗位的在职研究生作为样本，验证了心理安全气氛与创新工作投入度之间的正向关系，同时也验证得出，工作活力在心理安全气氛和创新工作投入度之间的正向关系中起部分中介作用。值得注意的是，这里的心理安全气氛衡量的是组织的心理安全气氛，因为 Ronit Kark 和 Abraham Carmeli 根据研究需要，在研究问卷中修订了 Edmondson（1999）的七条目问卷，选取了其中六个条目问题，并把问题项中的“团队”改成了“组织”。

关于团队心理安全气氛与前因变量及结果变量的关系，根据近 10 年学者们的文献总结成表 2-4。

表 2-4　1999~2009 年有关团队心理安全气氛的实证分析汇总表

作者	年份	样本	前因变量	结果变量	主要结论
Amy Edmondson	1999	来自一家大型制造企业的 51 个工作团队 427 名员工	团队领导者指导 团队情境支持	团队学习 团队绩效	团队心理安全气氛在团队领导者、团队情境支持与团队学习的正向关系之间起完全中介作用，团队学习在团队心理安全气氛与团队绩效的正向关系中起完全中介作用
Markus Baer 和 Michael Frese	2004	47 家中等规模的德国公司	过程创新	组织绩效（组织收益率、组织目标实现）	心理安全气氛在过程创新和组织绩效的正向关系之间起部分中介作用
Bianey C. Rmiz Ullon 和 Stephanie G. Adams	2004	188 名美国内布拉斯加州立林肯大学机械工程学院的 2002 级大学生（具有团队协作）	团队工作态度		团队工作态度受到团队心理安全气氛的显著影响

续表

作者	年份	样本	前因变量	结果变量	主要结论
Donra C.、Lau J. 和 J. Keith Murnighan	2005	加拿大某大学商学院438名参加组织行为学课程的大学生，共79个学习团队	团队断层		强断层团队会引致更低的心理安全气氛，而弱断层团队会引致更高的团队心理安全气氛
Nembhard 和 Edmondson	2006	美国、加拿大境内医院23个承担质量改进项目的重病特别护理团队小组（共1440名医务人员）	地位；领导者的包容	质量改进承约	地位能正向预测团队心理安全气氛；团队心理安全气氛在领导者的包容与质量改进承约的正向关系之间起完全中介作用
Anita L. Tucker、Ingrid M. Nembhard 和 Amy C. Edmondson	2007	23个承担质量改进项目的重病特别护理团队小组		团队项目实施成功 团队学习活动 "如何学"的学习活动 "学什么"的学习活动	"如何学"的学习活动在团队心理安全气氛和团队项目实施成功的关系中起部分中介作用
Abraham Cameli	2007	以色列33家企业，共137位员工	社会资本	基于错误之上的学习活动	心理安全气氛在社会资本和基于错误之上的学习活动之间起着部分中介作用
Jeroen Schepers、Ad de Jong、Martin Wetzels 和 Ko de Ruyter	2008	来自荷兰的361名大学生，共36个团队	组织支持	感知有用性 感知易用性 群件技术采用	团队层面下，感知的导师支持能正向影响学生的团队心理安全气氛；团队心理安全气氛显著正向影响群件技术的感知有用性和感知易用性
陈国权、赵慧群和蒋璐	2008	某高校参加各种培训的管理人员，多个行业的共201名员工		团队总体学习能力 团队绩效	心理安全与团队学习子能力间存在正相关关系，并且团队学习总体能力对心理安全与团队绩效间的关系的中介效应占总效应的70.2%
Abraham Carmeli、Daphna Brueller 和 Jane E. Dutton	2009	来自各行各业的212名在职学生	高质量人际关系	组织学习	心理安全气氛在高质量人际关系与组织学习的正向关系中起部分中介作用
Abrahan Carmeli 和 Jody Hoffer Gitteli	2009	以色列某学术机构228名在职研究生	高质量人际关系	基于错误之上的学习活动	心理安全气氛在高质量人际关系与基于错误之上的学习活动的正向关系之间起部分中介作用

续表

作者	年份	样本	前因变量	结果变量	主要结论
Ronit Kark 和 Abraham Carmeli	2009	以色列一所大学的128名在职研究生		工作活力 创新工作投入度	工作活力在心理安全气氛和创新工作投入度之间的正向关系中起部分中介作用
Samer Faraj 和 Aimin Yan	2009	美国12家最具代表性企业中选取64个软件开发团队，共290名员工	边界工作（边界扩张、边界缓冲、边界加强）	团队绩效	团队边界活动能够正向预测团队心理安全气氛。具体来说，边界缓冲、边界加强正向预测团队心理安全气氛的假设通过了检验，而边界扩张正向预测团队心理安全气氛的假设没有通过检验。团队心理安全气氛在边界工作与团队绩效的正向关系中起部分中介作用

资料来源：笔者整理。

2.4 过往研究的概述

本书主要研究领导风格、团队心理安全气氛和团队效能之间的关系，三者之间存在着一定联系。

2.4.1 过往研究的贡献

2.4.1.1 团队效能的细化

团队效能不再单独以团队绩效结果的形式出现，而是衍生出团队成员态度及团队存续能力等几大维度指标。另外，团队效能的衡量方式也由对个体（团队领导者或团队成员）的单一式测量转换成对团队的整体测量，近来研究发展趋势即为利用分层模型分析“个体—团队—组织”效能的相关影响。

2.4.1.2 领导风格对团队效能影响研究的具体化

本书以变革型领导、交易型领导、放任型领导作为领导风格理论中的代表，

从三个不同维度来探究其对团队效能的不同影响。历史研究中，变革型领导对团队效能有着正向影响；交易型领导对团队效能有着正向影响；放任型领导根据具体情境对团队效能有着不同的影响。

2.4.1.3 领导风格对团队效能影响之中介效应的扩充

随着学术界研究的百花齐放，领导风格对于团队效能的影响，已经让越来越多的学者认为领导风格是通过某些中介因素进而影响到团队效能。这些中介因素有：心理授权（Avolio et al.，2004；陈永霞等，2006；李超平等，2006；丁琳等，2007；吴志明等，2007）、自我协调（Joyce E. Bono & Timothy A. Judge，2003）、认同感（Ronit Kark et al.，2003）、LMX（Hui Wang et al.，2005）、社会交换（Song，Tsui & Law，in press）、OCB（吴志明等，2006；Sabine Boerner et al.，2007）、内发动机（Amabile，1988；Oldham et al.，1996；Shung Jae Shin & Jing Zhou，2003）、核心工作特征（Ronald et al.，2006）、信任（贾良定等，2006）、心理安全气氛（James R. Detert & Ethan R. Burris，2007）、程序公平（Pillai et al.，1999）。

首先是中介因素层出不穷并经过科学验证；其次是这些中介效应可能再通过影响某些中介因素最终去影响到团队效能，如“程序公平”可通过影响“信任”最终影响到“OCB”（Pillai et al.，1999）。

2.4.2 过往研究存在的不足

2.4.2.1 领导层面研究的单一化

在变革型领导理论研究领域，过多强调变革型领导的影响而忽略交易型领导对团队效能的影响。另外，放任型领导对团队效能的影响受到情境的控制而呈现出对团队效能的不同影响，而在此领域，并没有深入研究。此外，变革型领导、交易型领导、放任型领导作为同一领导风格理论中的三个不同维度，对三者从整体的角度对领导风格对团队效能影响进行比较分析还几乎没有。

2.4.2.2 跨文化研究的欠缺

领导风格在不同的文化环境中，如何与文化因素相互作用而产生影响有待进一步研究。因此，需要加强对领导行为作用机制中的中介变量的研究。不同领导风格的研究对于形成我国自己的新型领导理论无疑很重要。Bass（1999 年）认为我们对于在什么情境下领导行为最为有效的认识是极为缺乏的，他建议研究者应该关注那些对领导风格产生影响的情境因素的研究。因此在进行中国背景下的变革型领导的研究时，必须从实际情况出发，充分地考虑到中国文化的具体特点。另外，对变革型领导理论的研究也可以考虑加入权变的观点（徐长江、时勘，2005）。

2.4.2.3 团队心理安全气氛作为中介变量的实证研究不多

团队心理安全气氛作为团队组织气氛中的一种，在国内的研究并不多见，另外，也没有成熟的量表供国内研究者进行选择。领导风格通过团队组织气氛进而影响到团队效能在理论上是成立并且能得到文献支持的。但是，团队心理安全气氛的研究量表、团队心理安全气氛对于这两者之间关系的中介效应却并没有得到实证研究，不能不说是理论尚待探讨之重大缺口。

本书之所以选取团队心理安全气氛作为领导风格与团队效能之间的中介效应出于以下几点考虑：首先，领导风格与团队效能之间的关系研究并非学术界新颖的课题，但是影响领导风格对团队效能的因素却有许多，所以学者们不断对这中间的“黑匣子”展开研究。而团队心理安全气氛恰也是这其中的影响因素之一。其次，团队心理安全气氛虽然是中介因素之一，但在国内外的学术研究中并不多见，已有的研究也很零散，并不成体系，这是因为，团队效能这一构念本身就是一个整合构念，这在前述文献中已有论述，所以，完整的团队心理安全气氛嵌入领导风格与团队效能之间的关系，并没有形成体系，特别是，在国内的文献中也没有成熟的研究体系，所以导致了这一领域研究的空白。最后，由表 2－4 可知，团队心理安全气氛在团队框架内，完全可以充当中介变量的角色，因此，在前人研究的基础上，用独特的视角来整合领导风格、团队心理安全气氛、团队效能具有理论及实践意义。

第3章 研究假设与研究设计

3.1 研究假设

3.1.1 领导风格与团队效能

因本书将探讨变革型领导、交易型领导及放任型领导对团队效能的直接影响，所以仅就这三种领导风格对团队效能影响的相关文献进行述评。而且，正因为团队效能可以从不同角度（绩效、态度、行为）进行衡量，所以学者们对领导风格直接影响团队效能也有相当多的理论及实证研究。虽然研究者的文献并不是完全集中于“团队”这一视角，但是因为团队是组织的重要组成部分之一，况且团队本身也是一个“组织”，所以，众学者的研究成果给本书的理论研究提供了重要的学术参考。

3.1.1.1 变革型领导与团队效能

变革型领导对组织承诺有正向效应已经得到了很多学者的验证（Dvir et al.，2002；Howell & Hall - Merenda，1999；Kirkpatrick & Locke，1996；Walumbwa & Lawler，2003；Avolio et al.，2004），国内学者如陈永霞等通过问卷调查中国境内企业972位管理人员，验证了变革型领导与员工组织承诺呈正相关关系。

黄敏萍、郑伯埔等（2003）的研究发现：在沟通维度上，关系取向的变革型领导比工作取向的变革型领导效果更好，从而对团队效能产生更显著影响。清华大学经济与管理学院吴志明等用实证研究的方法探讨了高科技团队中团队领导者的变革型领导行为对团队成员的组织公民行为和团队绩效的影响作用，研究结果发现，关系导向的变革型领导行为对团队绩效具有显著的影响。

Udge 和 Piccolo（2004）统计整理了 PsyINFO 数据库中自 1987～2003 年有关研究变革型领导行为的研究报告和学术论文，最后得出结论：变革型领导和下属的工作满意度相关显著。河南大学的田丽丽（2005）研究得出：中学校长的变革型领导与教师的工作满意度之间呈显著的正相关，与教师的组织承诺呈显著的正相关。李超平（2006）采用李超平和时勘编制的变革型领导问卷（Transformational Leadership Questionnaire，TLQ）在我国的文化背景下对变革型领导进行研究中发现，变革型领导对员工工作态度具有显著的影响，且变革型领导的不同维度对员工工作态度的不同指标有不同的影响。国内很多学者后来都沿袭李超平的 TLQ 对变革型领导的有效性做各种理论及实证分析，证明了这一量表在中国的适用性。这一量表由 Bass 等的 MLQ 引申而来，但其并未把交易型领导、放任型领导引入，因此，在论证领导风格的有效性上还显得不够全面。

在国外众多学者的文献中，变革型领导对组织公民行为有着显著正向影响。国内学者中，吴志明等（2006）用实证研究的方法探讨了我国高科技组织的知识工作团队中团队领导者的变革型领导行为对团队成员组织公民行为的影响作用及影响机制，证明了变革型领导行为对团队成员的组织公民行为具有显著的影响作用；关系导向的变革型领导行为对成员的组织公民行为影响作用更为强烈。丁琳（2007）提出了变革型领导通过授权行为，使下属产生心理授权，进而影响下属组织公民行为的模型，并对此进行实证研究。

可以看出，众多学者都认为变革型领导对于团队绩效、团队满意度、在职意愿等维度上产生积极的影响。综合上述国内外学者的研究，本书提出如下假设：

H1：变革型领导对团队效能具有显著正向影响。

3.1.1.2 交易型领导与团队效能

查过往文献发现，国内外学者很少把交易型领导作为独立构念来分析其对各种绩效变量的影响，大都是与变革型领导成对出现，并用MLQ量表来进行各种理论及实证分析。大部分研究表明，交易型领导对绩效有正向预测作用。

在Sosik、Avolio和Kahai（1997）针对团队所进行的研究中，交易型领导对团队效能有正向预测作用，不过文章也显示了变革型领导对于团队效能的影响比交易型领导要大。Bass（2003）通过用美国军队步兵排的军官及士兵做样本，验证由稳定环境下变动为有压力和不确定的环境下，领导风格（变革型领导、交易型领导）对于团队效能、团队凝聚力、团队绩效的影响，发现变革型领导及交易型领导中的权变报酬可以正向预测团队（集体、部门）绩效（Unit Performance）。同时，在这篇文献中可以看到，变革型领导、交易型领导都显著正向预测团队效能，不过，两者的直接效应的显著系数基本相差无几。不过，也有部分文献实证研究证明，交易型领导对团队（部门）绩效有着负向效应。Howell Jane M.、Avolio和Bruce（1993）对78位领导者进行了实证分析发现，有高自控力（Higher Locus of Control）的变革型领导（其中三个测度）显著正向预测部门绩效，而交易型领导（主动及被动）都与团队（Unit，部门）绩效负相关。对于消极例外管理的理论实证研究更是各有不同绩效影响，有报告正向效应的，也有负向关系的以及没有关系的。国内学者对于交易型领导的研究相对很少，论证也不系统。交易型领导对于绩效的影响的不确定性，很大程度上是由于多种因素影响使然。陈文晶（2007）认为，领导者在组织的实际运作下，为提升成员的动机，同一个领导者在不同的情境和时间下，可以同时实施交易型领导及变革型领导行为，因而对于这两种领导行为还必须持一种权变的观点。在我国当前的社会转型背景下，多种经济体制、管理制度将在一定范围内长期共存。有些组织特别是一些三资企业、高科技企业等，其管理理念、管理方法都相当先进，但更多的企业则在一定程度上沿用传统的方式方法进行领导和管理，特别是在经济高速增长、企业竞争非常激烈的情况下，往往过多地追求企业的经济效益，而较少关注人的需要，从而使员工的权利受到伤害，造成人际关系的紧张以及员工心理压力的增大。如何为员工设置有效的工作目标，通过什么样的方式保证员工获得公平、公正的待遇，进而提高他们的满意度与承诺水平，仍然是我国企业领导者急需解决的关键问题。因此，在考虑到中国的文化背景与管理现状的情况下，加强对交易型领导的研究可能更符合中国的客观现实。

综合上述国内外学者的研究，本书提出如下假设：

H2：交易型领导对团队效能具有显著正向影响。

3.1.1.3 放任型领导与团队效能

从总体来看，对放任型领导的研究比较少，因为大部分研究证明其对绩效的影响是负效应的，所以在比较分析的时候，往往很少把其纳入研究的视野。有些研究把放任型领导归入交易型领导进行分析，从而得到交易型领导对绩效影响的负效应，其实笼统地把放任型领导归入交易型领导这样的做法是不合适的，并不能彰显交易型领导在实践当中的重要性。而放任型领导（消极例外管理、放任自由主义）恰恰可以说明，有部分领导者在管理实践当中处于一种消极、被动的领导地位，这对组织或部门（团队）的绩效是有危害的。Bass（2003）通过对变革型领导、交易型领导及放任型领导三种领导风格对部门绩效的不同影响的研究发现，放任型领导对部门（团队）效能、凝聚力及部门（团队）绩效是有显著负向预测作用的。

不过，在中国的管理实践中，研究放任型领导也显得相当重要。中国是典型的制造加工大国，尤其在东部沿海发达地区，许多民营企业的发展速度远超其本身的经营管理发展速度。得益于处于腾飞中的中国经济这一大环境，很多企业在盈利的大背景下忽略了对企业管理的重视。有些部门（团队）领导者有可能背负“打工者”的心态或者其自身能力本来有限，往往在某些问题上采用了放任消极的管理方式，但不合常理的是，其整个部门（团队）或组织效益却可能处于一个良好的状态。本书前面也有提到放任型领导在某些情况下也可以带来好的绩效（如员工的自我管理）。而毛忞歆（2008）在其博士论文《领导风格对组织创新的影响机制研究》中发现，放任型领导对管理创新、技术创新、组织创新气氛有着负向影响，但是这种作用并不显著。所以，在中国背景下，放任型领导对团队绩效的影响到底处于一个什么水平，是正向的、负向的？还是对绩效的影响并不显著？这些都有待于科学实证来进行准确的分析。

综合上述国内外学者的研究，本书提出如下假设：

H3：放任型领导对团队效能具有显著负向影响。

3.1.2　团队心理安全气氛的中介效应

3.1.2.1　团队心理安全气氛与团队效能

学术界关于团队心理安全影响团队学习、团队创新的学说相对来说较多。团队心理安全理论主要的创立者 Edmondson 指出，在团队学习的过程中，团队成员往往会面对面指出其他团队成员的错误，表达对现行规定或者制度的不满，或者针对某个观点进行争论的情形。这些是达到团队学习目的、实现团队创新的必要过程。然而，团队成员往往会认为这些行为会导致自己担负人际关系的风险（Interpersonal Risk），从而产生心理上的顾虑，不愿意采取这些行为。比如说，当某人要批评团队中的另外一个人的时候，他（她）可能会顾虑是否会伤害两个人之间的友好关系。要消除这种顾虑，需要团队营造出“团队心理安全”的气氛。

Baer 和 Frese 从另外一个角度分析了团队心理安全在团队创新过程中的作用。与埃德蒙森不同的是，他们将团队心理安全视作团队创新过程中的调节变量（Moderator），也就是说团队创新有其自身的决定因素，而团队心理安全只是起到调节的作用。这一观点在肯定团队心理安全作用的同时，不认为在其与团队创新之间存在直接的因果关系。唐翌（2005）实证证明，团队心理安全能够导致组织公民行为。更进一步，他验证出组织公民行为能够导致团队创新，组织公民行为在团队心理安全及团队创新之间起完全中介作用。但是目前学术界的普遍观点依然认为，团队心理安全是团队创新的决定因素之一。

此外，如图 3-1 所示，Emdmondson 认为团队心理安全能通过正向影响团队学习及创新行为，进而影响团队效能。

陈国权（2008）在基于收集的 201 个样本数据的实证研究之上，发现心理安全与团队学习能力间存在正相关关系，并且团队学习总体能力对心理安全与团队绩效间的关系的中介效应占总效应的 70.2%。因此其认为，在团队建设实践过程中，为了促进团队学习能力与团队绩效的改进，管理者应该特别关注心理安全氛围的建立。

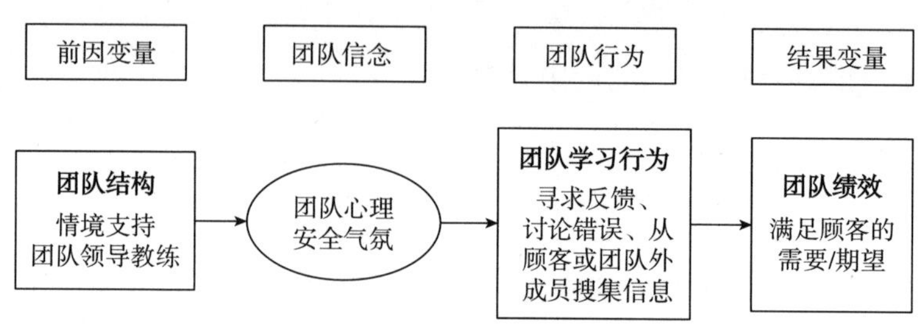

图3－1　团队心理安全气氛对团队效能的间接影响

资料来源：Edmondson. 组织或团队对团队学习的影响［D］. 哈佛大学商学院博士学位论文，1996.

综合上述国内外学者的研究，本书提出如下假设：

H4：团队心理安全气氛对团队效能具有显著正向影响。

3.1.2.2　领导风格与团队心理安全气氛

关于营造团队成员的心理安全气氛，很可能通过领导行为影响团队成员产生畅所欲言的意愿。下属在评价未被请求的建议是否会给个人带来风险时，领导者的行为可能会对下属造成比较明显的暗示（Milliken et al.，2003）。总之，大部分的员工没有勇气来挑战那些表现出不愿接受从下面反映上来的信息的管理者（Hornstein，1986）。因此，领导者如果经常表现出倾听的兴趣和愿望，同时向员工表明在坦诚的交流中不会产生个人风险，并对员工的提议采取积极回应，就会增强员工感受到的心理安全，有利于促进员工积极地对组织的改善提出一些合理化建议，进而促进组织绩效的提高和组织的发展。Detert 和 Burris（2007）得出结论：感知到的心理安全在变革导向的领导行为（变革型领导和管理的开放性）与下属的以改善为导向的建议（Voice）之间起中介作用。

（1）变革型领导与团队心理安全气氛。依据变革型领导的论点，变革型领导者会致力于搭建与团队成员之间相互信任气氛、以积极的态度面对团队未来的问题与风险，并且致力于为团队成员创造一个优质、能共同协力工作的内部环境。变革型领导者运用团队成员的不同背景与经验，建立有效的冲突解决机制，并且鼓励成员在团队内或跨团队间进行会晤、促进合作以达成一致目标。另外，变革型领导者对团队成员的个别关怀能使成员开始倾听他人想法，由于团队成员愿意向领导者表达意见，而领导者也可以在团队内部传达个别意见，坚定不移地向成员解释使命以及确保成员能得到最新的重要信息，通过分享资讯、提供回馈、运用成员技能以及移除有害于团队绩效的障碍，因而能在团队内增加信任与自信。另外，变革型领导者可借由让团队成员承认自身缺点，以传达出成员对于错误与关注事项能够被公开讨论之信息，在指挥行事时强调团队合作来减少权力不均衡的情况，以使成员担心被羞辱与被拒绝的知觉降到最低。当团队成员不因其他成员的反对或是其他负面结果而感到束缚时，他们能畅所欲言，此时成员处于心理安全的气氛中；实证研究亦证实变革型领导会影响心理安全。

综合上述国内外学者的研究，本书提出如下假设：

H5：变革型领导对团队心理安全气氛具有显著正向影响。

（2）交易型领导、放任型领导与团队心理安全气氛。交易型领导是指领导者提供给团队成员正规的系统资源（如诊断、控制系统）与训练方案，传播现有知识，来引导未来的行动与决策。由于团队具有共同目标的特性，团队成员必须共同为该目标负责，交易型领导者会加强员工的现有知识与工作能力，激发成员利用现有知识全神贯注地完成工作，并向成员沟通组织规范及价值观；注意其偏差、错误及不当行为并采取改正措施；鼓励团队在部门内或跨部门间，进行较多有效的互动使团队与组织目标一致。House 认为领导者若能对成员理清目标，成员在明确的目标下能产生安全感，有助于成员提升心理安全状态。交易型领导者亦强调现存的价值观与常规，专注于增加现行工作的效率，通常会进行渐进式改变，并且养成以法则为基础（Rule - Based）来处理事务以增进效率，透过定协议以明确表达领导者期望的作为及成员的努力所能获得的报酬，并且提供建设性回馈以确保成员专注于任务中。Shamir 注意到领导者若是一贯地信守交易协定，可以在组织成员间为其建立信任、可靠与一致的形象，如此可促成高度的、与变革型领导相关的信任与尊敬。Williams 亦主张组织奖酬系统能改善目标的调准（Alignment），以及提供一个信任其他成员在计算上的判断力（Caculative Reason）。因此，交易型领导者经由设立目标、明确的奖酬制度与训练方案，并信守规则协定来鼓励员工进行互动，清楚声明在团队中不会因畅所欲言而遭受惩处，进而能构建具备团队心理安全的气氛。

综合上述国内外学者的研究，本书提出如下假设：

H6：交易型领导对团队心理安全气氛具有显著正向影响。

H7：放任型领导对团队心理安全气氛具有显著负向影响。

（3）中介效应。根据表2－3，可以看到近10年来团队心理安全气氛被用于各种组织变量相关关系的研究，其中，关于团队心理安全气氛中介效应也多有论证。Edmondson（1999）验证得到，团队心理安全气氛在团队领导者、团队情境支持与团队学习的正向关系之间起完全中介作用，团队学习在团队心理安全气氛与团队绩效的正向关系中起完全中介作用。Baer和Frese（2003）实证分析得出，心理安全气氛在过程创新和组织绩效的正向关系之间起部分中介作用。Adams等（2004）得出结论，团队工作态度受到团队心理安全气氛的显著影响。Nembhard等（2006）通过实证发现，地位能正向预测团队心理安全气氛；团队心理安全气氛在领导者的包容与质量改进承约的正向关系之间起完全中介作用。Anita L. Tucker等（2007）发现，“如何学”的学习活动在团队心理安全气氛和团队项目实施成功的关系中起部分中介作用。Abraham Carmeli（2007）实证证明，心理安全气氛在社会资本和基于错误之上的学习活动之间起着部分中介作用。Jeroen Schepers等（2008）验证得到，在团队层面下，感知的导师支持能正向影响学生的团队心理安全气氛；团队心理安全气氛显著正向影响群件技术的感知有用性和感知易用性。陈国权等（2008）验证出，心理安全与团队学习子能力间存在正相关关系，并且团队学习总体能力对心理安全与团队绩效间的关系的中介效应占总效应的70.2%。Abraham Carmeli等（2009）通过实证分析得到，心理安全气氛在高质量人际关系与组织学习的正向关系中起部分中介作用。Ronit Kark等（2009）认为，工作活力在心理安全气氛和创新工作投入度之间的正向关系中起部分中介作用。Samer Faraj等（2009）验证得到，团队边界活动能够正向预测团队心理安全气氛。

根据团队心理安全气氛与领导风格与团队效能的关系，结合以上学者关于团队心理安全气氛中介效应的理论及实证结果，本书提出如下假设：

H8：团队心理安全气氛在领导风格与团队效能的关系中起中介作用。

3.1.3 研究理论框架

综合上述理论以及前期个案访谈和学术研究小组的讨论发现，团队成员在面

对不同的领导风格之时，会产生不同的团队心理安全气氛感知，而这种感知最后会影响到整个团队的团队效能。因此确定本书的理论框架如图3－2所示：

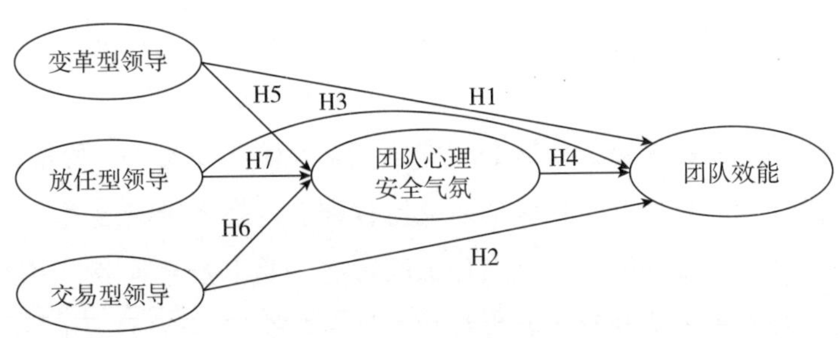

图3－2　本书的理论模型

其中，领导风格为自变量，包括变革型领导、交易型领导、放任型领导三个维度；团队心理安全气氛为中介变量，包括直抒己见、互敬互重、人际冒险及彼此信任四个维度；团队效能为因变量，包括团队绩效、团队满意度、在职意愿三个衡量维度。与前人的研究不同的是，本书从团队心理安全气氛的具体测量出发，将团队心理安全气氛纳入团队中领导风格与团队效能关系的框架中。同时，本书把团队心理安全气氛看成了领导风格与团队绩效的主要中介变量，团队中的领导风格通过影响团队成员的团队心理安全气氛感知，最终影响到团队效能。本书把三种不同领导风格同时引入到研究模型中，意图比较分析三种领导风格在中国情境下影响团队效能的具体大小，从而为团队管理实践提供理论上的指导。本书将通过多元回归方法以及结构方程模型（SEM）来分析这些变量之间的相互影响关系，研究的最终结果将对正确认识领导风格、团队心理安全气氛对团队效能的影响有着重要的意义，也为研究团队组织理论提供新的视角。

3.2 研究设计

本书主要涉及领导风格、团队心理安全气氛及团队效能三个变量，并且本书也将采用量表设计、量表修订这样的研究流程来选定最终研究量表，并用作后续的实证研究。经过大量文献的阅读及仔细的考虑，对于领导风格、团队效能的量表将主要采取基于国外成熟量表并进行相应补充和修订，而对于团队心理安全气氛这一变量，将通过定性研究及定量研究的方式开发适合中国文化情境的团队心理安全气氛量表。主要考虑如下：

首先，领导风格与团队效能的衡量量表比较成熟。领导风格的衡量量表也有多种，但是能全面划分领导风格及能对比分析的研究量表以 Bass 等学者提出的量表最具代表性。领导风格（变革型领导、交易型领导、放任型领导）自从 Bass 于 1985 年提出以来，其衡量量表（多因子领导量表）MLQ 在全世界范围得到了跨文化情境的普遍验证。美国著名心理学家和传记作者 Edward Hoffman 评价说“各种研究都已证明 MLQ 量表非常有效……不管是在储蓄银行、政府部门、海上石油公司，还是在中国国有企业，或是以色列国防部”（2002）。并且 Bass 与 Avolio 两位教授把 MLQ 不断地进行开发与改良，现在已经注册咨询公司用来给各企业/团队的领导风格进行测定，这也从侧面说明 MLQ 已经是非常成熟的一种量表。另外，衡量团队效能的团队绩效、团队满意度及在职意愿量表散见于各种组织理论的学术文献，所以采用“拿来主义”并进行合理修正，也是比较科学和易于顺利开展的。因此，对于领导风格、团队效能的量表基本上将以引用修订为主。

其次，团队心理安全气氛量表的细致化及情境化问题。由第 2 章梳理团队心理安全气氛的文献中发现，在实证计量分析中，学者们基本都是沿用 Edmondson 于 1999 年提出来的单维度七条目团队心理安全气氛量表。本书认为，这种单维度的简单归类并不能完全清楚地说明团队心理安全气氛的具体表现。并且，本书认为，西方学者的研究成果为我国企业管理学者研究团队心理安全气氛理论提供了一些借鉴。但是，由于社会制度与历史文化的差异，我国企业与西方企业管理人员的团队心理安全气氛是有区别的。因此，我国企业管理学者不应盲目照搬西方学者的研究成果，而应根据我国的国情和企业管理实践的需要，深入探讨我国团队心理安全气氛的含义与维度，编制我国企业团队心理安全量表。在这方面，中国台湾的杨敏禧（2002）在其硕士论文中做了有益的尝试，编制了适用于台湾地区的团队心理安全气氛量表，开发了反映团队心理安全气氛的五个维度，并对其进行了相关实证分析。不过，其研究成果只是适用于台湾地区，况且其研究成果尚未在公开的刊物上发表，所以其量表对于适用整个中国文化情境还未有足够的说服力。因此，编制适用中国文化情境的团队心理安全气氛量表，探讨团队心理安全气氛的结构维度显得很有必要。

3.2.1 中国文化情境下团队心理安全气氛的量表开发

Hikin（1995）通过研究1989～1994年公开发表在顶级学术期刊的75篇文献后发现，共有277种量表开发的方法，通过总结，他认为量表开发最行之有效的方法主要包括三个步骤：条目开发、量表开发及量表评估（Scale Evaluation）。本书主要根据Hikin的这一思想，参考美国企业管理学者Churchill（1979）及结合Hinkin（1998）论述的量表编制方法，编制团队心理安全气氛的量表。首先介绍一下Hinkin等学者的三步骤量表开发方法，然后按这三个步骤进行量表开发。

3.2.1.1 量表开发方法的理论支持

3.2.1.1.1 条目开发（Item Generation）

Hinkin（1995）认为，在量表开发时，第一步要开发量表的各种条目，主要关注其内容效度（Content Validity），因此开发或归纳出来的条目要切合研究的主题，而不能反映其他无关的内容。条目开发的一种基本方法就是，“演绎法”（Deductive）或“自上而下的分类法”（Classification from Above），即从现有相关文献当中用分类的方法来开发具有理论基础的量表条目，这些条目因而能经得起内容效度检测的评估。另一种基本方法就是，“归纳法”（Inductive）或“分类法”（Taxonomy）或“自下而上分类法”（Classification from Below），主要是指通过大量访谈样本的收集来确定构念及相关维度的方法。Hinkin（1995）本人推崇的是“演绎法”，因为这样可以使条目具有理论深度。

刘云、石金涛（2009）两位学者认为，组织行为量表的开发大致有两种路径。第一种路径通过文献研究、访谈等方法提出拟开发量表的维度及其相应的条目，从而形成待验证的假设量表，收集数据后使用相关的技术方法来验证该假设量表的性能。另外一种路径是通过文献研究、访谈等方法提出拟开发量表的原始条目库，利用原始条目库收集数据，然后进行探索性分析确定待验证的假设量表，最后使用相关技术方法来验证该量表的性能。第一种路径适合于对已有量表的改编，第二种路径适合于开发全新的量表。

由此看出刘云等人的两种分类法与 Hinkin 的分类法大致一致，所以可以把两种方法简单总结为“演绎法”及“归纳法”。本书认为，两种方法各有各的好处，采用“演绎法”，可以使开发出来的量表有理有据，各种指标或条目都有出处和来源，从而具备强大的理论支撑，但是不易有突破和创新。就本书而言，团队心理安全气氛的来源文献除了 Edmondson（1999）的那一篇经典文献以外，基本没有更多衍生文献可以参阅，所以完全选择“演绎法”这种研究方法会使研究的广度和深度有所欠缺；采用“归纳法”，完全开发全新量表虽然有足够的理论创新，但是如果缺乏相关文献的支撑，其条目的开发及量表设计及最后得到的结果的科学性及说服力明显不足。所以本书将把“演绎法”及“归纳法”两种路径方法结合起来，既通过梳理现有文献选择量表条目，又通过专题座谈会、个别深入访谈、半结构化问卷、开放性问卷、关键事件等方法自行编制相关条目，由此探索团队心理安全气氛的结构维度。

3.2.1.1.2 量表开发（Scale Development）

量表开发的第二步即量表开发设计，构建量表和评估量表的可靠性（Reliability）。Hinkin（1995）认为，有四个因素会对这一环节产生显著影响。首先，样本的选取能够代表主要研究群体。其次，不同领域的足够样本和量表的简约性，能对量表的内容效度及结构效度产生重大影响。每个构念在有三个条目的情况下就能足够达到样本内部效度的一致性。再次，各独立样本的方差要足够大。最后，需要足够的样本量，能满足统计检验、删减数据、精练构念的需要。

Hinkin（1995）认为，150个观测样本基本上就能满足探索性因子分析（Exploratory Factor Analysis，EFA）的需要，但是，进行验证性因子分析（Confirmatory Factor Analysis，CFA）时，一般推荐使用200个以上的样本。

检验量表信度有两种基本方法：一是各维度下所包含条目的内部一致性（Consistency），二是不有同时期各维度的稳定性（Stability）。Cronbach's Alpha普遍用于内部一致性检验。衡量维度的稳定性也有两种方法：再测信度（Test－retest Reliability）和把当前样本与另一组样本进行比较分析（Hinkin & Schriesheim，1989）。在Hikin（1995）的研究综述里，不到10%的研究报告具有稳定性。因此，在正式量表形成之前，本书将恪守这些规则，并对各维度的稳定性将用不同样本进行比较分析。

3.2.1.1.3 量表评估

Hinkin（1995）认为量表开发的第三步即评测各维度的心理测量的科学性。根据美国心理学会（The American Psychological Association）的研究（Hinkin，1995），量表的各维度必须具有内容效度、效标关联效度（Criterion－related Validity）、结构效度及内部一致性（Internal Consistency）。内容效度是指测验的内容对欲测范围内容的代表性程度；效标关联效度（Criterion－related Validity），又称实证效度，指测量的结果与某种外在效标之间的一致性程度，一般用测验分数与效标之间的相关系数表示；结构效度，主要测量结果与测验的理论假设之间的一致性程度（Hair et al.，2006）；内部一致性信度，主要反映的是测验内部题目之间的关系，考察测验的各个题目是否测量了相同的内容或特质。在接下来的章节里，本书将对开发出来的量表各项维度进行各信度、效度的检测，在达到各指标最低标准的情形下，对研究的各项假设进行实证检验。

3.2.1.2 量表条目的开发

在文献研究的基础上，本书进行了以下几项定性研究，深入探讨团队心理安全气氛的含义和维度。

首先，分别在湖南省长沙经济技术开发区选取两家具有代表性的企业：三一重工股份有限公司和长沙中联重工科技发展股份有限公司举行了两次专题座谈会。因为有厦门大学管理学院的有关介绍信及相关朋友的协助，所以这两次座谈会开得非常顺利，且取得了良好的效果。每次会议时间为两个小时，会上总共向15名中、高层管理人员了解了团队心理安全气氛应具有的特点，以及他们从哪些方面评估团队心理安全气氛。

其次，对参加财务管理培训的某卷烟厂的5名中层管理人员进行了各半个小时的深入访谈。访谈的主要内容包括：①对团队心理安全气氛定义进行详细的解释，从而帮助被访谈者真正了解团队心理安全气氛的本质和内涵；②提示被访谈者不仅可以指出体现在自己身上的心理安全感受，也可以披露体现在周围其他团队成员身上的团队心理安全感知；③要求被访谈者聚集于真正的关键事件，不要含糊其辞，更不要顾左右而言其他。

最后，本书采用关键事件收集法，通过中南大学商学院2008级企业管理某博士生担任助教的关系，通过发放开放性问卷，向中南大学商学院的132名在职工商管理硕士研究生收集团队心理安全气氛事例。我们共收集到320个事例，并把这些事例大致划分归类为表3－1所示的4类团队心理安全气氛事例。根据定义研究结果，本书认为，团队心理安全气氛应该表现为团队成员在团队里可以畅所欲言，各抒己见地表达观点；相互尊重对方的为人处世及其观点看法；就事论事，不担心冒犯对方及引发人际关系的紧张；相互信任为完成团队目标而共同努力。结合Edmondson（1999）、杨敏禧（2002）等学者的研究，本书认为团队心理安全气氛包括4个方面：直抒己见、互敬互重、人际冒险及彼此信任。

表3－1　团队心理安全气氛事例分类

团队心理安全气氛	含义	事例数	百分比（%）
直抒己见	团队成员能坦率地发表自己最真实的想法	99	30.9
互敬互重	团队成员彼此之间能够相互恭敬、相互尊重	87	27.2
人际冒险	团队成员在提问、寻求反馈及讨论问题时不会担心冒犯彼此的人际关系	58	18.1
彼此信任	团队成员之间能彼此相信并敢于托付	76	23.8

根据表3－1所示的各类团队心理安全气氛的含义，从西方学者的量表中选用了7个计量条目之后，根据上述专题座谈会、个别深入访谈以及关键事件分类

结果，本书自行编制了25个计量项目，从直抒己见（10个条目）、互敬互重（7个条目）、人际冒险（6个条目）及彼此信任（9个条目）4个方面，计量“团队心理安全气氛”概念。这样初步确定了一个含有32（25+7）个关键事件的项目库。

为了对这些条目的适用性进行更为深入细致的分析，本书分别邀请了12位专家参与对这些事件的进一步筛选工作（其中有2名管理学教授、5名管理学博士生、2名经济学博士生、1名心理学硕士生和2名企业中层管理者）。这些专家依据各自工作背景和研究方向各自独立地进行阅读、分析和筛选工作。主要工作有以下两点：第一，邀请各专家对条目内容的适当性与准确性提出建议，删除与操作性定义下所界定的团队心理安全气氛无关的事件，以及删除有歧义或者表述不清的事件。第二，通过反复沟通，让专家就问卷的可读性提出建议，理顺及确定最终的条目语句。因此，经过反复的沟通与商定，最终形成了一个含有24个语句的条目池。

3.2.1.3 量表的开发

因为本书的24个条目与Edmondson（1999）的7个条目相比，显得有些冗余，本书考虑进一步采用科学计量的方法删除非必要的条目，形成最终简练的量表。郝元涛等（2004）认为，量表条目的筛选是制订量表的一个重要过程。条目筛选应该遵循选择重要性大、敏感性强、代表性好、独立性强、区分性好的条目的原则，并考虑条目的可接受性。具体来说，可以采用离散程度法、相关系数法、因子分析法、鉴别度分析法、Cronbach's α法及重测信度法来分析结果及最后筛选结果。

3.2.1.3.1 条目筛选方法

离散程度法：从敏感性角度挑选指标。指标的离散程度低，用于评价时区别能力就差，因此可将离散程度高的条目纳入量表。为消除各条目量纲不同及均数相差较大的影响，一般采用变异系数作为衡量离散程度的指标。具体衡量指标：选择标准差S≥0.8的条目。

相关系数法：计算各个条目与所在维度得分的相关系数。该方法从两个角度

对条目进行筛选：①代表性，统计学表现为条目得分与本维度得分的相关系数的绝对值较大，且有统计学意义。②独立性，表现为条目得分与其他维度得分的相关系数无统计学意义或绝对值较小。具体衡量指标：选择条目得分与该维度去掉该条目后得分的 Pearson 相关系数绝对值较大的条目（$|r| \geqslant 0.4$）。

因子分析法：利用条目在公因子上的载荷来确定指标的取舍。利用主成分的方法进行因子分析，并进行最大正交旋转，根据构建量表时的理论结构确定因子个数，选取在相应的公因子上载荷较大的条目。具体衡量指标：选取在相应的公因子上载荷量较大的条目（载荷量≥0.4）。

鉴别度分析法：用 T 检验的方法，从区分的角度进行筛选，即以量表总得分的高分组（前 27% 的被试）和低分组（后 27% 的被试）在每一题得分的平均数进行差异比较，所得的值为决断值（Critical Ration，CR）必须高于查表的临界值（吴明隆，2003）。还可以利用 Logistic 回归或逐步回归等方法，但需注意条目之间的相关对结果的影响（郝元涛，2004）。具体衡量指标：T 检验方法下，选择在高分组与低分组两组间的区分度有统计学差异的条目（$P < 0.01$）。

Cronbach's α 法：从内部一致性的角度对条目进行筛选。计算某一方面的克朗巴哈系数（Cronbach's α），比较去除其中某一条目后系数的变化。具体衡量指标：如果某条目去掉后 α 系数有较大上升，则说明该条目的存在有降低该方面的内部一致性的作用，应该去掉，反之则保留。

重测信度法：即从稳定性的角度进行条目筛选。以稳定的人口作为访问对象，每个对象先后测量两次，计算每一条目两次得分的相关系数，保留相关系数高的条目。本次研究将对同一团队不同团队成员的团队心理气氛感知进行对比分析，用以检测这一信度。具体衡量指标：条目相关系数值≥0.8（郝元涛，2004）。

3.2.1.3.2 具体分析

根据定性分析中专家意见最终确定的条目池（共 24 个条目），利用上述 6 种方法进行条目筛选，从而形成最终量表。其中条目池中的条目具体如下所示：

Q1：团队成员没有参与团队目标制定的机会；Q2：团队成员会通过讨论互

相改进彼此的想法；Q3：团队成员会试着去了解别人的观点；Q4：团队成员并不信任这个团队；Q5：团队成员认为说出个别的看法是没有帮助的；Q6：在团队中，就算有点冒险，团队成员愿意提出新想法、试行新做法；Q7：团队成员向其他成员求助是一件困难的事；Q8：团队中的大部分成员能清楚地讨论他们的论点；Q9：大部分的团队成员对新的观点或思考方式采取接纳的态度；Q10：团队成员对于彼此间的相处，采取小心谨慎的态度；Q11：团队成员能坦诚、直来直往地沟通；Q12：对于所订下的团队目标、目的，团队中存有公开反对的意见；Q13：在这个团队中允许犯错误；Q14：在团队中，成员可以表达反对意见而不需担心有人会认为反对意见是针对他个人而来的；Q15：团队成员间彼此敬重与相互欣赏；Q16：团队成员犯了错误，其他成员会对其有异议；Q17：团队其他成员能提出尖锐的问题；Q18：团队成员有时会反对其他成员的与众不同；Q19：团队成员相信彼此的工作能力；Q20：团队成员不会主动对我提出建议；Q21：团队成员接受任务的机会是相等的；Q22：团队成员彼此相互信赖；Q23：与团队成员合作，我的能力和专长都能得到发挥；Q24：团队成员尊重其他成员的建议与观点。

在长沙星沙开发区随机抽取了9家企业作为调查对象，共发放了400份问卷。其中特意选取相同团队（部门）的人员进行了调查，即一个团队（部门）中有3人以上人次填答了问卷，共回收了345份有效问卷，回收率为86.3%。把漏答题项超过6个的问卷剔除（共22份），以及把相同部门只有1份有效问卷的样本剔除（共11份），最终进入条目筛选及量表验证的样本为312份。因为时间、精力及相关成本的因素，加上样本的不易获取，本书将把这些样本随机分成两部分，一部分样本用来做探索性因子分析，另一部分用来做验证性因子分析。并且，两部分的数据可以用来检测重测信度。所有312份样本的特征分布如表3－2所示。

把312个样本随机分成两部分，每一部份样本数为156，随机采用其中一份样本，运用统计软件SPSS16.0，按照上述6种条目筛选方法分析每一个条目。具体方法是汇总6种方法的提名，将被提名次数达4次以上的条目作为最终结果，所有分析结果整理成表3－3。

表 3-2　样本的特征分布（N=312）

样本特征		数量	百分比（%）	样本特征		数量	百分比（%）
性别	男	201	64.4	岗位	技术类	139	44.6
	女	111	35.6		非技术类	173	55.4
年龄	18～22 岁	10	3.2	工作时间	1 年以下	18	5.8
	23～26 岁	93	29.8		1～2 年	85	27.2
	27～30 岁	86	27.6		2～4 年	91	29.2
	31～35 岁	54	17.3		4～6 年	66	21.2
	36～40 岁	33	10.6		6～8 年	37	11.9
	41～45 岁	20	6.4		8～10 年	8	2.5
	46～50 岁	11	3.5		10～12 年	5	1.6
	50 岁以上	5	1.6		12 年以上	2	0.6
教育背景	高中及以下	15	4.8	婚姻状况	已婚	125	40.1
	专科	40	12.8				
	本科	218	69.9		未婚	187	59.9
	研究生及以上	39	12.5				

表 3-3　团队心理安全气氛调查表各条目不同分析方法与筛选结果

条目（1）	因子（2）	离散程度法（3）	相关系数法（4）	因子分析法（5）	鉴别度分析法（6）	Cronbach's α 分析法（7）	重测信度法（8）	被选入次数（9）	保留条目（10）
Q1	F1 直抒己见	0.89*	0.78	0.53*	0.04*	0.55	0.63	3	
Q5		0.98	0.06	0.36	0.00*	0.83	0.84	2	
Q8		0.74	0.64	0.28	0.11	0.69	0.78	0	
Q11		0.90	0.80*	0.78*	0.00*	0.85*	0.82	4	√
Q12		1.08*	0.76*	0.79*	0.00*	0.57*	0.90*	6	√
Q14		1.11*	0.09	0.35	0.01*	0.83*	0.76	3	
Q17		0.88*	0.75*	0.73*	0.00*	0.67*	0.75*	6	√
Q20		0.89*	0.82*	0.75*	0.00*	0.55*	0.89	5	√

续表

条目(1)	因子(2)	离散程度法(3)	相关系数法(4)	因子分析法(5)	鉴别度分析法(6)	Cronbach's α分析法(7)	重测信度法(8)	被选入次数(9)	保留条目(10)
Q2	F2 互敬互重	0.96	0.31	0.15	0.03*	0.64	0.67	1	
Q3		0.87*	0.79*	0.67*	0.09	0.59*	0.87	4	√
Q9		0.75	0.78*	0.84*	0.00*	0.58*	0.87	4	√
Q15		1.08*	0.73*	0.26	0.00*	0.67*	0.71*	5	√
Q24		0.83*	0.77*	0.84*	0.00*	0.78*	0.85*	6	√
Q6	F3 人际冒险	0.97*	0.06	0.23	0.00*	0.83*	0.65	3	
Q7		1.06*	0.78*	0.15	0.00*	0.66*	0.76*	5	√
Q13		1.10*	0.82*	0.35	0.00*	0.74*	0.75*	5	√
Q16		0.89	0.87*	0.81*	0.00*	0.68*	0.80	4	√
Q18		0.97*	0.82*	0.86*	0.00*	0.57*	0.78*	6	√
Q4	F4 彼此信任	0.84	0.64*	0.34	0.00*	0.52	0.47	2	
Q10		0.90*	0.73*	0.68*	0.00*	0.71*	0.69	5	√
Q19		0.86*	0.66	0.63*	0.00*	0.84*	0.74	5	√
Q21		0.74*	0.56	0.25	0.00*	0.58*	0.67	3	
Q22		0.84*	0.65*	0.61*	0.00*	0.85*	0.88*	6	√
Q23		0.83*	0.63*	0.54*	0.00*	0.84*	0.87*	6	√

注：(2) 表示条目提取的公因子；(3) 表示条目得分的标准差；(4) 表示条目与所属维度得分的相关系数；(5) 表示条目在对应的公因子上的载荷；(6) 表示T检验的P值；(7) 表示去掉该条目后的Cronbach's α系数；(8) 表示重测法的相关系数。"*"：表示条目被相应的方法选中；"√"表示条目被选入最终正式量表。

离散程度法从敏感性角度挑选指标。本书利用各条目得分的标准差来衡量其离散程度。表3-3中共有17个条目被入选，而7个条目未被入选，提示大部分条目的敏感性较好。相关系数法是从代表性和独立性角度筛选条目。计算选择条目得分与该维度（因子）去掉该条目后得分的Pearson相关系数，选择相关系数的绝对值加大（$|r| \geq 0.4$）且有显著性意义的条目，有16个条目被入选，8个条目未被入选。因子分析法是从代表性角度筛选条目。此处的因子分析指的是探索性因子分析，通过对整个调查表所有条目进行因子分析，根据因子负荷考虑各个因子主要由哪些条目决定，选择各因子内载荷较大者作为入选条目，多数采用

因子负荷 0.4 作为入选标准，共有 14 个条目入选。鉴别度分析法是从区分性和重要性角度筛选条目。一般对各条目进行 T 检验，选取能够区别不同类别的条目。本次调查共有 22 个条目在区别度上均具有显著性意义（$P<0.01$）。克朗巴哈 α 系数（Cronbach's α）法是从内部一致性角度筛选条目，共有 5 个条目因影响所对应方面的内部一致性而未入选。重测信度法从稳定性的角度进行条目筛选，因本次调查以同一时期同一团队不同成员的回答作为此次信度分析，共有 9 个条目通过筛选。

以上方法各有优劣，本次调查从多个角度分析各个条目，并制定较严格的最后入选的标准（即 6 种方法被入选次数达 4 次以上者），使每个条目具备有较好的敏感性、代表性、独立性、重要性、内部一致性及可重测性，这无疑能够提高最终测试量表的质量。通过上述 5 种条目分析方法，从 24 个条目中最后筛选出 16 个条目，建立团队心理安全气氛量表。

3.2.1.3.3　量表的评估

用剩下来的另一半样本做 CFA 分析，共 156 个样本数据。由上述筛选出来的 16 个条目，按照上述测试中各条目在相应因子上的载荷降序对其进行相应的重新编号。因此，ZJ1～ZJ4 表示反映直抒已见的 4 个条目，HZ1～HZ4 表示反映互敬互重的 4 个条目，RX1～RX4 表示反映人际冒险的 4 个条目，BR1～BR4 表示反映彼此信任的 4 个条目。与此同时，在量表的末尾本书设计了 4 个问题作为每个维度的效标：①团队成员能坦率地发表自己最真实的想法；②团队成员彼此之间能够相互恭敬、相互尊重；③团队成员在提问、寻求反馈及讨论问题时不会担心冒犯彼此的人际关系；④团队成员之间能彼此相信并敢于托付。每道题按照 Likert 五点量表打分（1～5 分代表“完全不同意”至“完全同意”）。因为这些效标并非是已经成熟且经过多次验证的效标，而是根据研究需要自行设计。可能这些效标并非很理想，但是在没有更好的效标可供选择的情况下，选用自行设计的效标也能说明一定的问题。

（1）结构维度评估。按照探索性因子分析的结果，本书提出了一个可供检验的员工的越轨行为四因素结构的构想模型。为了检验本书所确立的四因子模型是否为最佳理论模型，利用 AMOS6.0 统计分析工具，采用验证性因子分析比较

不同模型之间的优劣。根据前人的研究成果和相应理论基础，主要比较 Edmondson 的单一因子模型与本书提出的四因子模型的适用性。

模型一（单因子模型）：根据 Edmondson（1999）的研究成果，团队心理安全气氛被看作单维构念，7 个条目的协方差（Covariance）可以共同体现在一个因子上。

模型二（四因子模型）：根据本书探索性因子分析的结果，团队心理安全气氛由四个因子来衡量，分别为直抒己见、互敬互重、人际冒险和彼此信任，总共 16 个条目。

结构方程模型理论认为，模型评价是一个复杂的问题，在进行模型评定时，不同拟合指标评定的侧重点不同。因此，对于一个模型的好坏不能以一个指标，而应以多个指标进行综合评价。下面的分析中，本书将参照公认标准评价四因子模型是否得到了观测数据的支持且相对于其他的竞争性模型而言是否是最佳模型。具体标准参照如下：

卡方值除以自由度（χ^2/df）：通常情况下，χ^2 值和自由度一起用来进行整体拟合优度比较。通常认为，当 $\chi^2/df < 3$ 时，观测数据与模型拟合很好，模型较好；当 $3 < \chi^2/df < 5$ 时，观测数据与模型基本拟合，模型可以接受；当 $\chi^2/df > 5$ 时，观测数据与模型拟合不好，模型较差。

拟合优度指数（Goodness of Fit Index，GFI）：其值在 0 ~ 1，越接近 1 越好，一般认为接近 0.90，模型就可以接受。

修正拟合优度指数（Adjusted Goodness of Fit Index，AGFI）：其值在 0 ~ 1，越接近 1 越好，一般认为接近 0.90，模型就可以接受。

近似均方根误差（Root Mean Square Error of Approximation，RMSEA）：按照通用标准，RMSEA < 0.1，观测数据与模型拟合较好；RMSEA < 0.05，观测数据与模型拟合很好；RMSEA < 0.01，观测数据与模型拟合极好。

比较拟合优度指标（Comparative Fit Index，CFI）：其值在 0 ~ 1，越接近 1 越好。

省俭性拟合优度指标（Parsimonious Goodness of Fit Index，PGFI）：其值在 0 ~ 1，越接近 1 越好。

由表 3 - 4 所示，模型比较的结果表明：四因子模型在 χ^2/df、GFI、AGFI、

RMSEA、CFI 和 PGFI 这 6 个拟合优度指标上均显著优于单因子模型。因此，可以认为，在中国情境下，团队心理安全气氛这一构念可以由本书的四个维度进行衡量。

表 3－4　两种模型的拟合指标及其比较

模型	χ^2/df	GFI	AGFI	RMSEA	CFI	PGFI
单因子模型	3. 334	0. 868	0. 748	0. 108	0. 785	0. 736
四因子模型	2. 170	0. 915	0. 895	0. 070	0. 923	0. 887

接着，运用 AMOS6. 0 工具采用极大似然法进行参数估计，对收集到的 165 个样本观察数据与构想模型进行相应的拟合，得到团队心理安全气氛的四因子构想模型的完全标准化解。图 3－3 是团队心理安全气氛四因子模型的标准化路径图。

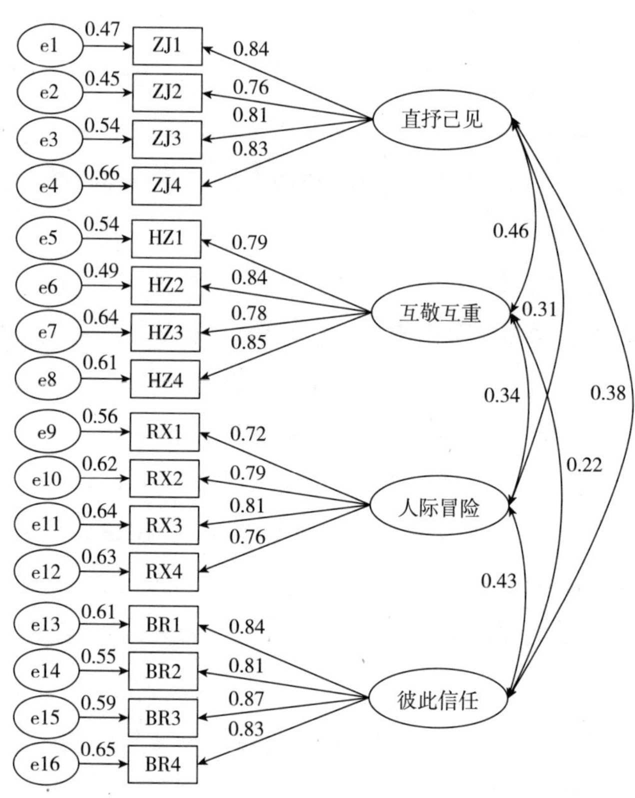

图 3－3　团队心理安全气氛四因子结构的标准化路径

从图3-1可以看出，16个项目在四个维度上的标准化因子载荷大于0.71的共有4个，根据结构方程对内容效度的评价原则，标准化因子大于0.71意味着负相关系数（因子载荷的平方）R^2 大于0.5，也就是说该潜变量能解释量表中对应问题的50%以上；除此之外，其他标准化因子载荷均大于0.50，说明每一个潜变量对应指标的解释能力都是比较强的。

（2）信度评估。为了评估团队心理安全气氛四个维度的可靠性，需要计算每个因子的结构信度，根据Fornell和Larcker（1981）的文献，可知计算公式如下：

$$结构信度 = \frac{(\sum 标准化因子载荷)^2}{(\sum 标准化因子载荷)^2 + \sum e_j}$$

其中，e_j 是指每个条目指标的误差系数。结构信度衡量是量表的内部一致性，其实在验证性因子分析中即用Cronbach's α系数表现出来。

表3-5　量表的内部一致性信度系数

	因子1	因子2	因子3	因子4	总量表
Cronbach's α	0.832	0.856	0.785	0.792	0.813
N of Items	4	4	4	4	16

根据Devillis（1991）、Nunnally（1978）等学者的观点，Cronbach's α在0.70以上是可接受的最小信度值。吴明隆（2003）认为，一份信度系数好的量表或问卷，其总量表的信度系数最好在0.80以上，如果在0.70~0.80，还算是可以接受的范围。由表3-5可以看到，本书中，团队心理安全气氛的四因子模型的各因子分量表的信度系数均大于0.70，总量表的信度系数大于0.80，证明本书设计的团队心理安全量表具有较高的信度。

（3）效度评估。本书在利用所开发的量表进行测试的过程中，通过对内容效度、建构效度、区别效度和效标关联效度的检验来判定量表的效度水平。

内容效度是指项目对欲测的内容或行为范围取样的适当程度。一个测验要具备较好的内容效度必须满足以下两个条件：①确定好内容范围，并使测验的全部项目均在此范围内；②测验项目应是已界定的内容范围的代表性样本（郑日昌等，1999）。团队心理安全气氛的问卷是通过文献研究和访谈研究而得出，为使问卷内容更具完整性且题意清楚明了，在问卷初稿完成后，请专家学者就题意和表述进行定性分性，并以定量分析的手法删除了不合适的条目，样本的选取基本以各种职能团队为主，所以团队心理安全气氛的量表从条目的合理性来判断，内容效度是合适的。虽然内容效度属于一种命题的逻辑分析，其主观性不能单独用来衡量量表的效度，不过可以用来对观测结果做大致的评价及参考分析（吴明隆，2003）。

建构效度是指测验能够测量出理论的特质或概念的程度，即实际的测验分数能解释某一心理特质有多少（王保进，2002）。建构效度分为两种：收敛效度（Convergent Validity）与区别效度（Discriminant）。从收敛效度来看，如图 3－3 所示，验证性因子分析的结果表明，中国情境下的团队心理安全气氛由四个维度构成，其结构清晰、内容明确，各条目在相应因子上的载荷均大于0.50，并且通过模型比较后发现，相较于单因子模型，四因子模型是最佳理论模型。

对于各维度间是否存在足够的区分效度，常用的区别效度评估方法有两种，一种是2 个构成变量之间的相关系数必须低于0.85，否则会形成多重共线性的问题。本书模型中4 个构成变量之间的相关系数如表3－6 所示，最大为0.46，均小于标准值0.85。另一种区别效度的评估方法是，比较各维度间完全标准化相关系数与所涉及各维度自身平均变异数抽取量（Average Variance Extracted，AVE）的平方根值大小，当前者小于后者，则表明各维度间存在足够的区分效度，反之，则区分效度不够（Fomell & Larcker，1981）。AVE 系数的计算公式如下：

$$\text{AVE 系数} = \frac{\sum \text{标准化因子载荷}^2}{N}$$

其中，N 为因子项下的条目数。Fornell 和 Larcker（1981）建议其标准值须大于0.5。

由表3－6 可知，四个因子之间的 AVE 系数平方根均大于各因子之间的相关系数，另外各因子的 AVE 系数均大于0.5，所以可以认为，本书编制的团队心理安全气氛量表具有足够的区别效度。也因此可以判定，本书开发的基于中国文化情境的团队心理安全气氛量表具有较好的建构效度。

效标关联效度（Criterrion－related Validity）是指测验与外在效标间关联的程

度，如果测验外在效标间的相关性越高，表示此测验的效标关联效度越高。效标关联效度依其使用时间间隔的长短又分为“预测效度”（Predictive Validity）与“同时效度”（Concurrent Validity），前者是指测验分数与将来的效标之间关联的程度；后者是指测验分数与目前效标资料之间关联的程度。本书并非为预测性质，因此只检验同时效度。

表 3-6 团队心理安全气氛四因子相关关系

	ZJ	HZ	RX	BR
直抒己见（ZJ）	(0.75)			
互敬互重（HZ）	0.46	(0.76)		
人际冒险（RX）	0.31	0.34	(0.83)	
彼此信任（BR）	0.38	0.22	0.43	(0.79)

注：对角线括号内为因子的 AVE 系数的平方根。

表 3-7 团队心理安全气氛各维度与 4 个效标的相关分析

	效标 1	效标 2	效标 3	效标 4
直抒己见	0.175**	-0.023	0.075*	0.134**
互敬互重	0.156*	0.269**	-0.016	-0.027**
人际冒险	0.183*	-0.045	0.286*	0.009
彼此信任	0.209**	0.012	0.025*	0.255**

注：** 表示 Correlation is significant at the 0.01 level；* 表示 Correlation is significant at the 0.05 level。

由表 3-7 可知，直抒己见和效标 1 的相关性最高（0.175，$P<0.01$）；互敬互重和效标 2 的相关性最高（0.269，$P<0.01$）；人际冒险和效标 3 的相关性最高（0.286，$P<0.05$）；彼此信任与效标 1 的相关性很高（0.209，$P<0.01$），但是其与效标 4 的相关性更高（0.255，$P<0.01$）。因此，可以说明，本书开发的基于中国文化情境的团队心理安全气氛量表具有较好的效标关联效度。

3.2.2 研究变量的操作性定义及结构

本书关于领导风格、团队心理安全气氛以及团队效能的研究量表都是在梳理国内外经典文献以及相关定性、定量的研究基础上最终选取的，并且是经由国内外研究学者所实证检验过的成熟量表。为了确保量表的效度，本书确定初始量表时采用了双盲回译的方法。首先邀请了一位英语专业的硕士研究生把初始英文版本的量表翻译成中文版本的量表，然后请一位组织行为学研究方向的博士研究生把这一中文量表回译成全英文版本，然后比较初始英文量表与回译量表的差异，并就细节问题进行相应修正，如此反复多次以后，确保最后形成的中文研究量表与原始的英文量表保持高度准确的一致（Cohen & Jen, 2005）。

不过，本书最终确定的量表在正式使用之前，仍要经过严格的前测，以验证所有测量量表的合适性、准确度及可理解度。本书邀请了厦门大学经管专业的三名博士研究生、两家上市企业的总共三名中高层管理人员对研究量表进行了仔细讨论和评估。他们分别对研究预测量表进行回答，并就缺乏明晰定义、逻辑不畅以及操作性不佳的语句提出了相应的建议，最终通过语句的删减、修改、润色，确定了基本的研究量表。

3.2.2.1 领导风格

采用Bass（1985）对领导风格的定义：运用权力影响人的过程中所表达的行为风格或方式以及运用权力的技巧所折射的领导艺术。本书以变革型领导、交易型领导及放任型领导三个变量作为领导风格的研究变量。变革型领导包括理想化信念、理想化行为、动机鼓舞、智能激发和个性化关怀5个维度，交易型领导包括权变报酬和主动例外管理2个维度，放任型领导包括消极例外管理和自由放任主义2个维度，并对三个变量及9个子维度的操作性定义及衡量条目进行整理如表3－8所示。

表3－8 领导风格的衡量变量、操作性定义及衡量条目

研究构念	研究变量	操作性定义	衡量条目
变革型领导	理想化信念	变革型领导者能预测未来最重要的是什么，他会凝聚组织成员的注意力，并且发展愿景以指引组织未来努力的方向	（1）领导者以跟大家一起工作为荣 （2）领导者超越个人利益，以集体利益为重 （3）领导者的行为会让其他人对其产生敬意 （4）领导者充满精力，表达自信

续表

研究构念	研究变量	操作性定义	衡量条目
变革型领导	理想化行为	领导者本身必须树立和其强调价值一致的楷模，使其成为值得成员仿效的榜样，使成员价值观能与领导者本身所信奉的一致	(1) 领导者谈论他们最重要的价值观和信念 (2) 领导者能给员工指明奋斗目标和前进方向 (3) 领导者能考虑所做决策是否符合伦理道德 (4) 领导者强调拥有共同使命的重要性
	动机鼓舞	领导者能启发组织成员的工作动机，赋予成员工作意义，以提高成员的工作期望	(1) 领导者对未来的发展充满信心 (2) 领导者热衷于谈论将要完成的任务 (3) 领导者向大家描绘了令人向往的未来 (4) 领导者对于目标的达成充满自信
	智能激发	引发部属对问题理解、问题解决的方法、思想、想象力、信念与价值的改变，而非促使部属在行动上立即改变	(1) 领导者会对问题关键假设的适当性反复检验 (2) 领导者解决问题时善于从不同角度着手 (3) 领导者会让他人站在不同角度上看待问题 (4) 领导者建议他人在完成任务时寻找新的解决方案
	个性化关怀	领导者能够扮演部属辅助者或教练的角色，发现部属的个别差异及成长的需求，发掘部属更大的潜力	(1) 领导者耐心地教导员工，为员工答疑解惑 (2) 领导者在与员工打交道的过程中，会考虑员工个人的实际情况 (3) 领导者关心每个员工的工作、生活和成长 (4) 领导者注重创造条件，让员工发挥自己的特长
交易型领导	权变报酬	领导者给予成员适当的奖励与避免使用处罚，以增加成员工作的诱因，当成员完成领导者所指示的工作时，则可获得报酬	(1) 领导者帮助员工发挥最大能力 (2) 领导者与员工一起讨论达成绩效指标的具体细节 (3) 领导者明确阐述达成绩效所将得到的劳动收入 (4) 领导者表扬完成预期绩效的员工
	主动例外管理	领导者制定下属服从标准，对未有具体目标的员工进行管理	(1) 领导者关注不符合绩效标准的工作失误及偏差 (2) 领导者要求员工关注并处理工作失误、偏差及客户投诉 (3) 领导者追踪所有工作失误 (4) 领导者纠正员工失误以符合相关标准

续表

研究构念	研究变量	操作性定义	衡量条目
放任型领导	消极例外管理	领导者直到情况变得危急、危险的时候才采取干预措施，事件未变糟之前领导者通常采取消极回应态度	（1）领导者直到事情严重时才开始处理问题 （2）领导者在处理问题之前任由事情变坏 （3）领导者坚信“东西未坏，无须处理”原则 （4）领导者采取措施之前，问题就已经一直存在
	自由放任主义	领导者往往缺席制定重大决策，在关键问题上回避和拖延，在下属有压力和困难之时避而不见，出现重大问题宁愿躲避一旁	（1）领导者对严重的问题采取回避原则 （2）领导者缺席所需出席场合 （3）领导者逃避做出决策 （4）领导者对紧急问题采取拖延态度

注：量表主要参考文献：Bass 等（1985，1990，2000）、Podsakoff 等（1990）、李超平（2005）。

3.2.2.2 团队心理安全气氛

本书采用 Edmondson（1999）的定义，团队心理安全气氛是指团队成员在团队中从事任何具有人际风险的行动时，成员认为这些行动的推行是安全的，并能被团队其他成员所接受。

本书直接采用针对中国文化情境自行开发设计的团队心理安全气氛测量量表。团队心理安全气氛共分成四个维度：直抒己见、互敬互重、人际冒险以及彼此信任，各维度的操作性定义及衡量条目整理如表 3－9 所示。

表 3－9 团队心理安全气氛的衡量变量、操作性定义及衡量条目

研究构念	研究变量	操作性定义	衡量条目
团队心理安全气氛	直抒己见	团队成员能坦率地发表自己最真实的想法	（1）团队成员能坦诚、直来直往地沟通 （2）对于所定下的团队目标、目的，团队中存有公开反对的意见 （3）团队其他成员能提出尖锐的问题 （4）团队成员不会主动对我提出建议

续表

研究构念	研究变量	操作性定义	衡量条目
团队心理安全气氛	互敬互重	团队成员彼此之间能够相互恭敬、相互尊重	(1) 团队成员会试着去了解别人的观点 (2) 大部分的团队成员对新的观点或思考方式采取接纳的态度 (3) 团队成员间彼此敬重与相互欣赏 (4) 团队成员尊重其他成员的建议与观点
	人际冒险	团队成员在提问、寻求反馈及讨论问题时不会担心冒犯彼此的人际关系	(1) 团队成员向其他成员求助是一件困难的事 (2) 在这个团队中允许犯错误 (3) 团队成员犯了错误，其他成员会对其有异议 (4) 团队成员有时会反对其他成员的与众不同
	彼此信任	团队成员之间能彼此相信并敢于托付	(1) 团队成员对于彼此间的相处，采取小心谨慎的态度 (2) 团队成员相信彼此的工作能力 (3) 团队成员彼此相互信赖 (4) 与团队成员合作，我的能力和专长都能得到发挥

注：量表主要参考文献：Edmondson（1999）、杨敏禧（2002）、陈国权（2008）。

3.2.2.3 团队效能

有关团队效能，根据 Bailey 等（1997）的研究，本书定义其操作性定义为：工作团队在特定环境条件下和规定的时间内，完成规定任务的工作绩效及团队内部成员的工作态度、行为结果的总称。再结合 Schippers（2004）、Van 等（2000）及 Wayne 等（1997）的研究，本书用团队绩效、团队满意度和在职意愿三个变量衡量团队效能。团队效能各变量操作性定义、衡量条目整理如表 3 - 10 所示。

3.2.2.4 量表预测试（Pilot Study）

为了解决中西方情境的差异以及防止量表本身随时间推移而产生的问题，也为了使量表适用于大规模问卷发放，本书开展了量表的预测试研究。量表预测试主要用来检测量表各条目的内部一致性及语句语法问题。本书用上述确定的基本

表 3 - 10 团队效能的衡量变量、操作性定义及衡量条目

研究构念	研究变量	操作性定义	衡量条目
团队效能	团队绩效	任务完成，以产品的数量和质量进行描述的绩效，即团队的效率、生产力、反应速度、质量、顾客满意度等	(1) 我们做得比其他团队（部门）更好 (2) 对我们的工作（产品）质量的投诉很少或没有 (3) 我们的业绩经常达不到预期水平 (4) 有可能的话，我们的工作绩效将来会比现在更好 (5) 我们团队（部门）的绩效有时候很好，有时候很差 (6) 领导对我们团队（部门）有积极的评价 (7) 其他团队（部门）都比我们团队（部门）做得更好 (8) 我们团队（部门）的绩效比其他团队（部门）更好 (9) 我们团队的绩效往往能够达到预期的良好效果
	团队满意度	团队成员对提升机会、同事、领导、工作本身等的满意程度	(1) 我对我现在的同事感到满意 (2) 在这个团队工作令我感到满意
	在职意愿	团队成员愿意留在团队（部门）持续工作的愿望	(1) 我正在积极主动寻找其他工作机会 (2) 一旦我找到更好的工作，我将离开公司 (3) 我正在很认真地考虑离职问题 (4) 我经常考虑跳槽问题 (5) 我认为我在公司至少还会工作 5 年

注：量表主要参考文献：Schippers（2004）、Van der Vegt 和 Emans（2000）及 Wayne、Liden 等（1997）。

变量及条目编制了预测试量表，并以 Likert - 5 点计分的方式，1 ~ 5 分代表“非常不同意”至“非常同意”。本书邀请了中南大学某 MBA 全日制班的学生作为问卷发放对象。征得课程教师的同意，在课堂上共发放了 50 份调查问卷，由学生当堂就问卷设计的问题自主填写，并于课后统一收集，保证问卷的回收率。共回收了 38 份样卷，剔除无效问卷 2 份，共有 36 份有效问卷，整体有效回收率为 72%。表 3 - 11 为预测试各变量的中间值与内部一致性系数值。

表3-11 预测试量表各变量的中间值及内部一致性系数值

	Mean	Cronbach's α
变革型领导	3.26	0.92
交易型领导	3.65	0.93
放任型领导	3.68	0.87
团队心理安全气氛	3.47	0.78
团队绩效	3.67	0.88
团队满意度	3.52	0.85
在职意愿	2.97	0.81

因此，由表3-11可知，预测试量表各条目的Cronbach's α系数值都大于0.70，证明量表各变量下条目具有良好的内部一致性，预测试量表可用来进行大规模施测。

3.2.3 数据收集过程

3.2.3.1 问卷发放对象

学者认为，团队必须要符合三个条件：第一，两人以上的成员；第二，成员之间互相依赖、彼此协调，方能完成工作；第三，团队成员必须是为了共同的目标而工作（Jessup，1990；Shonk，1982）。Shonk（1982）指出，团队包括两人或两人以上，彼此协调一致，以完成共同的任务。Jessup（1990）亦提及团队拥有共同的目标，即成员间互相依赖、彼此承诺以达成目标。

除了上述条件，学者另从成员组成的性质定义团队，认为团队之所以要通过协调方能完成共同的工作，主要原因在于团队是由一群具有互补专业才能的个别成员所组成的（Katzenback & Smith，1993；Quick，1992）。Quick（1992）指出，团队中个别成员拥有专业技术与能力，将团队目标视为首要之务，彼此相互支持、合作，且能很清楚、公开地与其他团队成员沟通。Katzenback和Smith（1993）定义团队为一群个别成员的组合，团队成员间拥有互补的才能，认同共同的目标、绩效标准，致力于共同的方向，彼此信任以完成工作目标。

除了个别成员的结合，通过彼此的互动以完成共同的目标，有些学者还从绩效的角度出发，认为团队成员需要共同为工作的成败负责，或是以团队的整体表现来决定成员的报酬与绩效（Hackman，1990；Mohrman，Cohen & Mohrman，1995）。

Mohrman 等（1995）将团队视为由一群一起工作的个人所组成，团队成员相互依赖，分享共同目标，通过彼此间的互动及整合以完成工作，提供产品或服务，共同为工作的成败负责。Hackman（1990）亦认为，团队内的成员能够认同共同的目标，且团队拥有决定工作如何完成、工作进度安排及任务分派等决策的权限，并以团队的整体表现来决定报酬与绩效等回馈。

因此，本书将团队定义为：由两个以上的个体所组成的工作单位，成员间相互依赖、彼此协调以完成共同目标。

工作团队成员是本书所欲调查的对象，为避免与实际团队的状况有所差距，本书以三份有效的团队成员填答问卷作为一份有效团队样本。由于团队样本取得不易，因此本书并未限定团队所属的产业、功能属性等因素。研究者将采用便利抽样方式进行，样本横跨不同的产业与单位，以此增加研究样本的数量。

3.2.3.2 问卷设计

本书问卷内容除了参考国内外专家学者的研究外，为了使研究符合国内现状，在正式进行问卷调查前，先行对在业界服务的人士进行访谈，以确定本书的研究假设，并参考受访者的意见，对问项的叙述内容进行初步的修正。

待初步问卷修正完成后，再请中南大学在读 MBA 班学生进行问卷前测，由这些数据初步检定衡量工具的信度与效度，最后对问项内容进行微幅的修正后，发展成为本书正式的问卷。本书量表皆采用 Likert 五点尺度量表，以非常不同意、不太同意、普通、同意、非常同意作为衡量填答者对问项的认同程度。由于本书的研究对象为团队成员，因此对于领导风格、团队效能、团队心理安全气氛等变量的后续分析，皆以团队成员的知觉为主，本书并未将团队领导者纳入分析中。

3.2.3.3 样本与问卷回收

由于本书是以团队成员为研究对象，因此为求能够准确地衡量研究变项，本书在有效样本的认定上依照下列原则：

首先，为求能准确地衡量出团队内的真实情况，本书认定一份有效的团队样本至少需包含三个团队成员填写本书的问卷，少于三个团队成员填写者则剔除。

其次，研究者在问卷中穿插反向题，并将其中一提问项重复（本题不纳入分析用）以作为认定该份问卷是否为有效问卷的依据。

最后，问卷的抽样方式是采取便利抽样，通过研究者个人关系网络发放问卷，发放对象是以实务界人士为主。最终，共取得研发、新产品开发、营销企划、业务等各种不同任务的团队样本，由上可知，本书样本的变异性颇大，样本属性多元化，使本书样本不至于受到某种任务特性的影响。

为确保问卷回收的质量，研究者在委托友人发放问卷前，先自行于问卷上编号以确认可以分辨哪些问卷是属于同一个团队，并详细说明本书所依据的问卷发放原则，以提高回收问卷的有效性。本书共计发放个人问卷1060份，回收625份，回收率为58.9%，其中剔除回卷过于集中、空白未填等无效问卷后，有效问卷为601份，在分类后共得有效团队样本200份。问卷发放期间为2009年11月中旬至2010年3月下旬。

3.2.4 数据分析方法

本书欲检验领导风格、团队心理安全气氛与团队效能的关系。本书利用问卷收集法收集相关资料，并主要运用SPSS16.0及AMOS7.0统计软件进行数量分析，以验证本书的研究假设。

3.2.4.1 问卷统计方法

在分类哪些个别样本属于同一团队之后，将个别样本的值加总并除以该团队填答者的人数后作为该团队在各个问项的得分，并将团队学习行为各个问项的得分加总后除以题数，作为接下来的统计分析用。

3.2.4.2 统计分析方法

（1）叙述统计分析。分析样本的基本数据如团队人数、团队性质、团队成员的组成分子等，透过次数分配表、百分比等方式整理，再整理出各团队领导者的领导风格以及团队心理安全气氛、团队效能得分的平均数与标准偏差。

（2）信度分析。采用内部一致性的信度分析，主要是求取各量表整体与各变量因子的 Cronbach's α 值，显示该变量因子项上各条目之间的相关性越大，即内部一致性越高。

（3）探索性因子分析（EFA）与验证性因子分析（CFA）。首先，在做 EFA 和 CFA 之前，对样本进行 KMO 和 Bartlett's 球形度检验分别分析变量之间的偏相关性与各变量因子之间的相关性（吴明隆，2000）。其次，做 EFA，运用主成分因子分析法与最大变异法旋转矩阵，对变革型领导、交易型领导、放任型领导、团队心理安全气氛和团队效能等构念进行因子萃取。最后，做 CFA，用 AMOS 软件计算各变量结构的 χ^2/df、GFI、AGFI、RMSEA、CFI 和 PGFI 值，用来验证本书的建构效度。

（4）多元回归分析。多元回归分析是处理变量的统计相关关系的一种数理统计方法，用以分析若干个预测变项和一个效标变量间的关系，回归分析的基本思想是：虽然自变量和因变量之间没有严格的、确定性的函数关系，但可以设法找出最能代表它们之间关系的数学表达形式。本书用以分析不同领导风格、团队心理安全气氛的交互作用，对团队效能所产生的不同影响。

（5）结构方程模型（SEM）分析。除了用作 CFA 分析，本书选择 SEM 模型用以探讨研究变量之间的线性关系，并验证假设所推导的各构念之间的相互影响关系，特别是在整体研究模型的情况下，判断团队心理安全气氛在不同领导风格与团队效能之间关系所起的中介效应。

结构方程模型（Structure Equation Modeling，SEM）是应用线性方程系统表示观测变量与潜变量之间，以及各潜变量之间关系的一种多元统计建模分析方法。

本书应用它来检验模型中各个潜在变量之间的关系。SEM 分析过程通常包括四个主要步骤，具体如下：

（1）模型设定。即在进行模型估计之前，研究人员先要根据理论分析或以往研究成果来设定初始理论模型，也就是初步拟定方程组，同时对于方程组中需要自由或固定的系数予以相应的设置。

（2）模型识别。即要决定所设定的模型是否能够对估计参数求解，在一些

情况下，由于模型设定的问题，导致模型不可识别，即方程组中待求系数太多而方程数目太少。

（3）模型估计。模型参数可以采用几种不同的方法来估计，通常的方法包括最大似然法（Maximum Likelihood）和广义最小二乘法（Generalized Least Square）。本书运用结构方程模型的分析软件 AMOS 7.0，采用最大似然法（ML）对模型参数进行估计。

（4）模型评价与修正。模型估计之后，研究人员需对模型的整体拟合效果和单一参数的估计值进行评价。如果模型拟合效果不佳，可以对模型进行修正来提高模型拟合效果。本书主要根据基本拟合标准（Preliminary Fit Criteria）、整体模型拟合度（Overall Model Fit）和模型内在结构拟合度（Fit of Internal Structure of Model）三方面对模型的拟合度进行评价。

第4章 实证研究

4.1 样本基本资料描述

样本分布情况主要通过填答研究问卷人员的性别、婚姻状况、年龄、职务等级、在团队服务年限、教育背景、所在单位性质、所在团队总人数、团队性质等进行描述，具体情况如表4－1所示。

表4－1 基本特征分布

样本特征		数量	百分比（%）	样本特征		数量	百分比（%）
性别	男	312	52	婚姻状况	已婚	227	37.8
	女	288	48		未婚	373	62.2
年龄	18～22岁	63	10.5	在团队服务年限	1年以下	53	8.8
	23～26岁	98	16.3		1～2年	89	14.8
	27～30岁	116	19.3		2～4年	112	18.7
	31～35岁	127	21.2		4～6年	156	26
	36～40岁	98	16.3		6～8年	103	17.2
	41～45岁	45	7.5		8～10年	57	9.5
	46～50岁	38	6.3		10～12年	18	3
	50岁以上	15	2.5		12年以上	12	2

续表

样本特征		数量	百分比（%）	样本特征		数量	百分比（%）
教育背景	高中及以下	94	15.7	所在单位性质	行政事业	33	25.8
	专科	178	29.7		国有	28	21.9
	本科	269	44.8		民营	52	40.6
	研究生及以上	59	9.8		外资	15	11.7
团队人数	1～5 人	75	37.5	团队性质	研发	33	5.5
	6～10 人	58	29		生产制造	147	24.5
	11～15 人	33	16.5		资讯	29	4.8
	16～20 人	23	11.5		人力资源	58	9.8
	20 人以上	11	5.5		财务	74	12.3
职务等级	高层管理人员	15	2.5		行政	67	11.2
	中层管理人员	184	30.7		医护	32	5.3
	基层管理人员	118	19.7		教职	62	10.3
	一般职员	156	26		学生	42	7
	现场作业人员	127	21.1		其他	56	9.3

4.2　信度与效度分析

本书以 Cronbach's α 系数、探索性因子分析及验证性因子分析来说明本书量表的信度与效度。

4.2.1　探索性因子分析

在做因子分析之前，首先需要确定量表的各观察值之间是否具有共同变异性，因此运用 KMO（Kaiser – Meyer – Olkin）的取样适缺性量数（Measure of Sampling Adequacy）和 Bartlett 球形度检验（Test of Sphericity）对各变量观测值进行鉴定。各构念 KMO 值及 Bartlett 球形度检验显著性如表 4－2 所示。

表 4 – 2 KMO 值及 Bartlett 球形度检验显著性

构念	KMO 值	Bartlett 球形度检验显著性
变革型领导	0.86	0.00
交易型领导	0.93	0.00
放任型领导	0.78	0.00
团队心理安全气氛	0.82	0.00
团队效能	0.84	0.00

根据学者 Kaiser（1974）的观点，KMO 的值应该在 0.6 以上。KMO 值越大，表示变量间的共同因素越多，越适合进行因子分析。由表 4 – 2 可知，各构念的 KMO 值最小都为 0.78，并且 Bartlett 球形度检验都达到显著，说明各构念都适合使用因子分析对变量作因子萃取。本书运用主成分因子分析方法，以及方差最大正交旋转法对各构念进行因子分析，并抽取特征值大于 1 的因子。同时，也相应计算各因子的 Cronbach's α 系数。

4.2.1.1 变革型领导

由表 4 – 3 可知，变革型领导可分成 5 个因子，每个因子的测量条目的因子载荷都大于 0.5，并且条目之间不存在交叉负荷，说明量表条目的收敛效度和区分效度较好。并且，各因子的特征值都大于 1，总的累计解释变量达到了 82.77%，而各因子的 Cronbach's α 系数值均在 0.75 以上，且整个构念的 Cronbach's α 系数值为 0.91，说明此构念有着很好的内部一致性。因此，本书初步判定，变革型领导由理想化信念、理想化行为、动机鼓舞、智能激发、个性化关怀 5 个因子构成。

4.2.1.2 交易型领导

由表 4 – 4 可知，交易型领导可分成 2 个因子，每个因子的测量条目的因子载荷都大于 0.5，并且条目之间不存在交叉负荷，说明量表条目的收敛效度和区分效度较好。并且，各因子的特征值都大于 1，总的累计解释变量达到了

74.83%，而各因子的 Cronbach's α 系数值均在 0.75 以上，整个构念的 Cronbach's α 系数值为 0.77，说明此构念有着很好的内部一致性。因此，本书初步判定，交易型领导由权变报酬、主动例外管理 2 个因子构成。

表 4-3 变革型领导因子分析及信度表

构念	因子	题项	因子载荷	特征值	解释变异量（%）	累计解释变异量（%）	Item - Total Correlation	Cronbach's α	
变革型领导	理想化信念	1	0.81	8.45	42.26	82.77	0.79	0.88	0.91
		2	0.86				0.75		
		3	0.80				0.85		
		4	0.75				0.65		
	理想化行为	5	0.76	2.99	14.99		0.73	0.75	
		6	0.75				0.75		
		7	0.56				0.51		
		8	0.73				0.70		
	动机鼓舞	9	0.76	1.75	10.85		0.75	0.75	
		10	0.76				0.75		
		11	0.79				0.81		
		12	0.83				0.79		
	智能激发	13	0.82	1.58	8.74		0.79	0.82	
		14	0.72				0.78		
		15	0.80				0.73		
		16	0.82				0.81		
	个性化关怀	17	0.71	1.19	5.93		0.76	0.87	
		18	0.78				0.82		
		19	0.79				0.77		
		20	0.79				0.74		

表 4-4 交易型领导因子分析及信度表

构念	因子	题项	因子载荷	特征值	解释变异量（%）	累计解释变异量（%）	Item - Total Correlation	Cronbach's α	
交易型领导	权变报酬	1	0.82	4.75	50.18	74.83	0.60	0.83	0.77
		2	0.85				0.73		
		3	0.82				0.69		
		4	0.71				0.64		
	主动例外管理	5	0.79	1.22	24.65		0.59	0.78	
		6	0.92				0.62		
		7	0.90				0.56		
		8	0.71				0.67		

4.2.1.3 放任型领导

由表4-5可知，放任型领导可分成2个因子，每个因子的测量条目的因子载荷都大于0.5，并且条目之间不存在交叉负荷，说明量表条目的收敛效度和区分效度较好。并且，各因子的特征值都大于1，总的累计解释变量达到了73.47%，而各因子的 Cronbach's α 系数值均在0.75以上，整个构念的 Cronbach's α系数值为0.87，说明此构念有着很好的内部一致性。因此，本书初步判定，放任型领导由被动例外管理、自由放任主义2个因子构成。

表 4-5 放任型领导因子分析及信度表

构念	因子	题项	因子载荷	特征值	解释变异量（%）	累计解释变异量（%）	Item - Total Correlation	Cronbach's α	
放任型领导	被动例外管理	1	0.86	4.35	54.31	73.47	0.67	0.78	0.87
		2	0.77				0.73		
		3	0.62				0.51		
		4	0.75				0.55		
	自由放任主义	5	0.87	1.53	19.16		0.79	0.90	
		6	0.65				0.70		
		7	0.81				0.89		
		8	0.88				0.74		

4.2.1.4 团队心理安全气氛

由表4-6可知，团队心理安全气氛可分成4个因子，每个因子的测量条目的因子载荷都大于0.5，并且条目之间不存在交叉负荷，说明量表条目的收敛效度和区分效度较好。并且，各因子的特征值都大于1，总的累计解释变量达到了71.85%，而各因子的Cronbach's α系数值均在0.70以上，整个构念的Cronbach's α系数值为0.88，说明此构念有着很好的内部一致性。因此，本书初步判定，团队心理安全气氛由直抒己见、互敬互重、人际冒险、彼此信任4个因子构成。

表4-6 团队心理安全气氛因子分析及信度表

构念	因子	题项	因子载荷	特征值	解释变异量（%）	累计解释变异量（%）	Item - Total Correlation	Cronbach's α	
团队心理安全气氛	直抒己见	1	0.89	5.33	33.32	71.85	0.72	0.84	0.88
		2	0.87				0.68		
		3	0.77				0.68		
		4	0.60				0.61		
	互敬互重	5	0.83	3.03	18.97		0.64	0.78	
		6	0.58				0.41		
		7	0.87				0.74		
		8	0.83				0.65		
	人际冒险	9	0.67	2.08	12.99		0.81	0.88	
		10	0.83				0.79		
		11	0.81				0.69		
		12	0.91				0.68		
	彼此信任	13	0.57	1.05	6.57		0.42	0.73	
		14	0.64				0.58		
		15	0.88				0.70		
		16	0.88				0.69		

4.2.1.5 团队效能

由表4-7可知，团队效能可分成3个因子，每个因子的测量条目的因子载荷都大于0.5，并且条目之间不存在交叉负荷，说明量表条目的收敛效度和区分效度较好。并且，各因子的特征值都大于1，总的累计解释变量达到了67.81%，而各因子的Cronbach's α 系数值均在0.70以上，整个构念的Cronbach's α 系数值为0.87，说明此构念有着很好的内部一致性。因此，本书初步判定，团队效能由团队绩效、团队满意度、在职意愿3个因子构成。

表4-7 团队效能因子分析及信度表

构念	因子	题项	因子载荷	特征值	解释变异量（%）	累计解释变异量（%）	Item - Total Correlation	Cronbach's α	
团队效能	团队绩效	1	0.85	5.97	37.32	67.81	0.81	0.93	0.87
		2	0.78				0.73		
		3	0.82				0.75		
		4	0.82				0.80		
		5	0.60				0.58		
		6	0.80				0.78		
		7	0.74				0.69		
		8	0.87				0.80		
		9	0.80				0.71		
	团队满意度	10	0.79	3.48	21.73		0.63	0.77	
		11	0.75				0.63		
	在职意愿	12	0.84	1.40	8.76		0.79	0.85	
		13	0.86				0.78		
		14	0.86				0.79		
		15	0.64				0.54		
		16	0.53				0.42		

4.2.2 验证性因子分析

4.2.2.1 变革型领导

首先对变革型领导结构采用一阶验证性因子分析。由图4-1可知：变革型领导各维度下的所有条目的因子载荷均高于 0.5，显著系数 P 值均小于 0.001。具体来看，理想化信念与理想化行为、动机鼓舞、智能激发及个性化关怀的相关系数分别为 0.36、0.49、0.58、0.33，显著系数 P 值均小于 0.001；理想化行为与动机鼓舞、智能激发及个性化关怀的相关系数分别为 0.30、0.42、0.37，显著系数 P 值均小于 0.001；动机鼓舞与智能激发及个性化关怀的相关系数分别为 0.46、0.58，显著系数 P 值均小于 0.001；智能激发与个性化关怀的相关系数为 0.26，显著系数为 0.001。接着，对变革型领导结构采用二阶验证性因子分析。

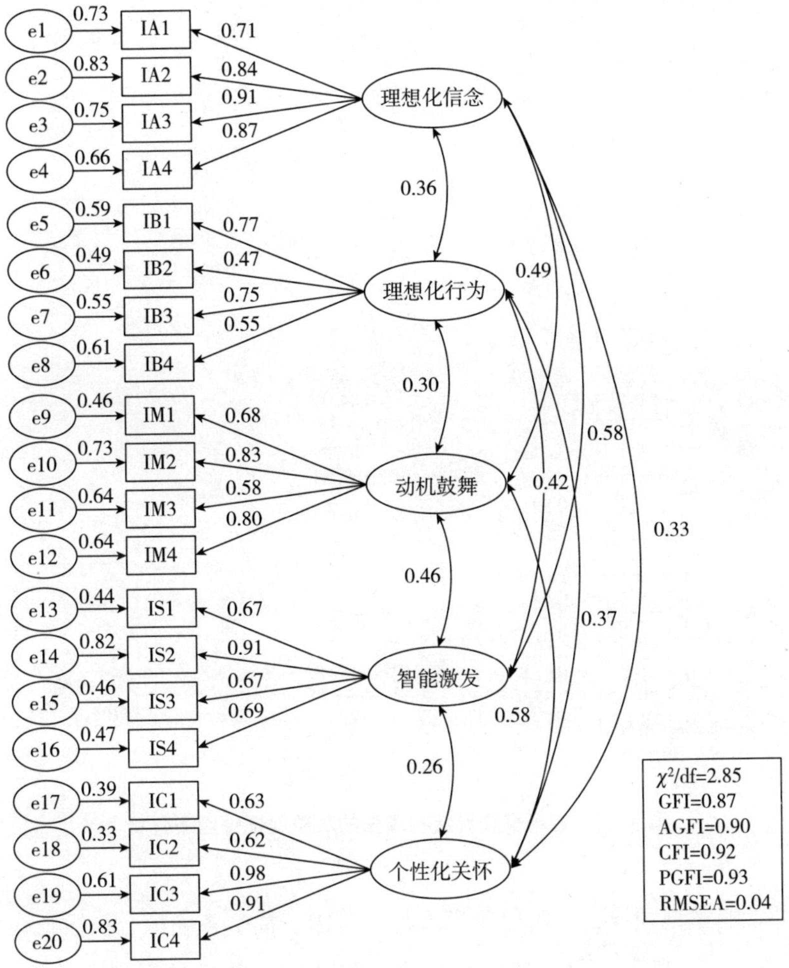

图 4-1 变革型领导结构测量的一阶验证性因子分析

由图4－2可知：变革型领导下5个因子理想化信念、理想化行为、动机鼓舞、智能激发及个性化关怀的因子载荷分别为0.81、0.88、0.92、0.83、0.79，这些值的显著系数P值均小于0.001。

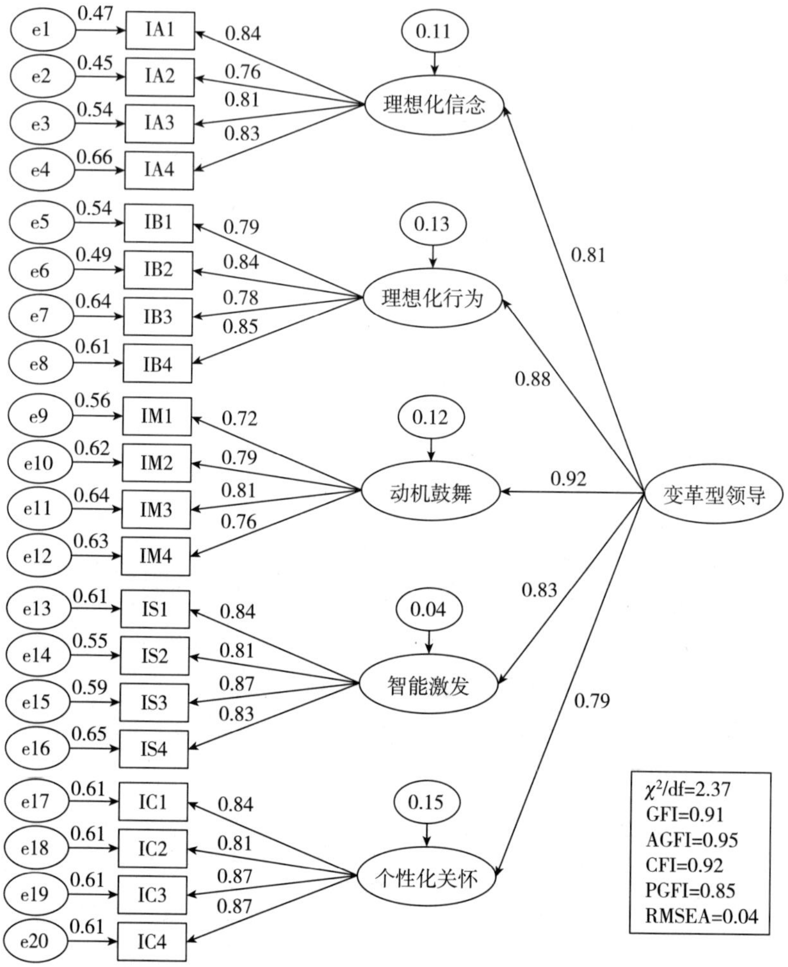

图4－2　变革型领导结构测量的二阶验证性因子分析

另外，变革型领导的一阶因子模型与二阶因子模型各项拟合指数比较分析可得表4－8。可以判定，两个模型的拟合指数相似，并且具有良好的拟合效果，说明该测量模型具有较好的建构效度，同时也可以认为，变革型领导的二阶因子

模型相较于一阶因子模型更优。

表4-8 变革型领导一阶、二阶因子模型的拟合指标及其比较

模型	χ^2/df	GFI	AGFI	RMSEA	CFI	PGFI
一阶因子模型	2.85	0.87	0.90	0.04	0.92	0.93
二阶因子模型	2.37	0.91	0.95	0.04	0.92	0.85

4.2.2.2 交易型领导

首先对交易型领导结构采用一阶验证性因子分析。由图4-3可知：交易型领导各维度下的所有条目的因子载荷均高于0.5，显著系数P值均小于0.001。具体来看，权变报酬与主动例外管理的相关系数为0.20，显著系数P值均小于0.001。接着，对交易型领导结构采用二阶验证性因子分析。由图4-4可知：交易型领导下2个因子权变报酬与主动例外管理的因子载荷分别为0.82、0.90，这些值的显著系数P值均小于0.001。

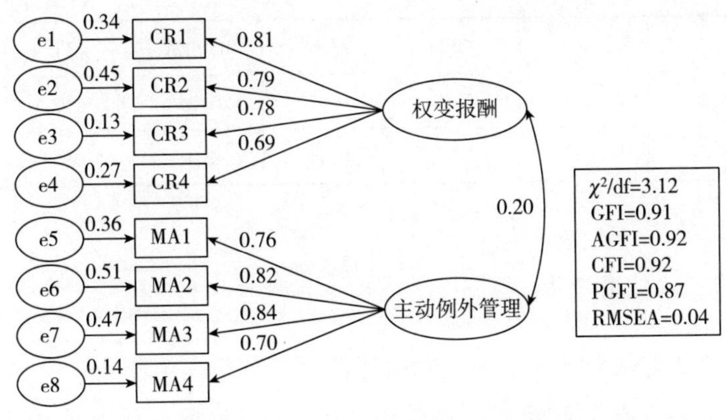

图4-3 交易型领导结构测量的一阶验证性因子分析

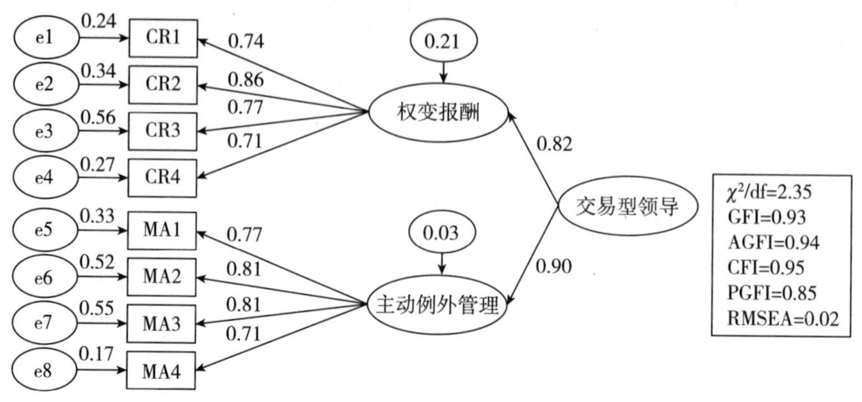

图 4-4　交易型领导结构测量的二阶验证性因子分析

另外，交易型领导的一阶因子模型与二阶因子模型各项拟合指数比较分析可得表 4-9。可以判定，两个模型的拟合指数相似，并且具有良好的拟合效果，说明该测量模型具有较好的建构效度，同时也可以认为，交易型领导的二阶因子模型相较于一阶因子模型更优。

表 4-9　交易型领导一阶、二阶因子模型的拟合指标及其比较

模型	χ^2/df	GFI	AGFI	RMSEA	CFI	PGFI
一阶因子模型	3.12	0.91	0.92	0.04	0.92	0.87
二阶因子模型	2.35	0.93	0.94	0.02	0.95	0.85

4.2.2.3　放任型领导

首先对放任型领导结构采用一阶验证性因子分析。由图 4-5 可知：放任型领导各维度下的所有条目的因子载荷均高于 0.5，显著系数 P 值均小于 0.001。具体来看，消极例外管理与自由放任主义的相关系数为 0.11，显著系数 P 值均小于 0.001。接着，对放任型领导结构采用二阶验证性因子分析。由图 4-6 可知：放任型领导下 2 个因子消极例外管理与自由放任主义的因子载荷分别为 0.85、0.94，这些值的显著系数 P 值均小于 0.001。

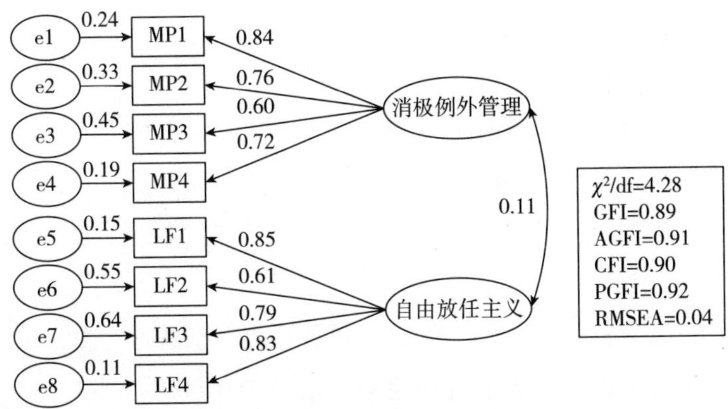

图4-5 放任型领导结构测量的一阶验证性因子分析

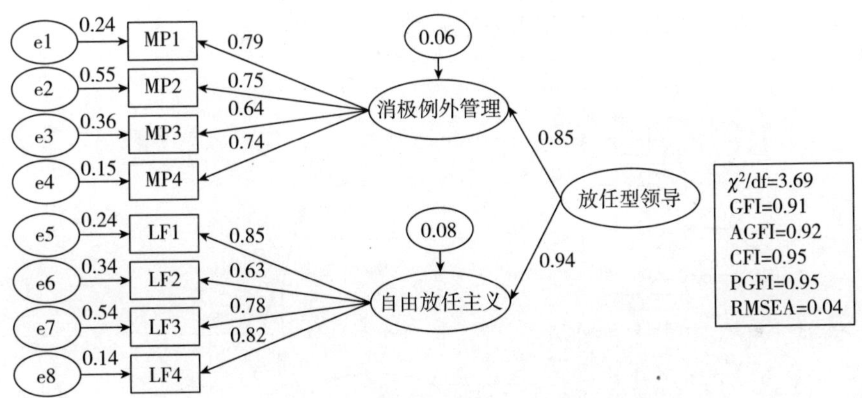

图4-6 放任型领导结构测量的二阶验证性因子分析

另外，放任型领导的一阶因子模型与二阶因子模型各项拟合指数比较分析可得表4-10。可以判定，两个模型的拟合指数相似，并且具有良好的拟合效果，说明该测量模型具有较好的建构效度，同时也可以认为，放任型领导的二阶因子模型相较于一阶因子模型更优。

表4-10 放任型领导一阶、二阶因子模型的拟合指标及其比较

模型	χ^2/df	GFI	AGFI	RMSEA	CFI	PGFI
一阶因子模型	4.28	0.89	0.91	0.04	0.90	0.92
二阶因子模型	3.69	0.91	0.92	0.04	0.95	0.95

4.2.2.4 团队心理安全气氛

首先对团队心理安全气氛结构采用一阶验证性因子分析。由图 4－7 可知：团队心理安全气氛各维度下的所有条目的因子载荷均高于 0.5，显著系数 P 值均小于 0.001。具体来看，直抒己见与互敬互重、人际冒险及彼此信任的相关系数分别为 0.33、0.29、0.29，显著系数 P 值均小于 0.001；互敬互重与人际冒险及彼此信任的相关系数分别为 0.14、0.21，显著系数 P 值均小于 0.001；人际冒险与彼此信任的相关系数为 0.23，显著系数 P 值小于 0.001。接着，对团队心理安全气氛结构采用二阶验证性因子分析。由图 4－8 可知：团队心理安全气氛下 4 个因子直抒己见、互敬互重、人际冒险及彼此信任的因子载荷分别为 0.84、0.77、0.92、0.83，这些值的显著系数 P 值均小于 0.001。

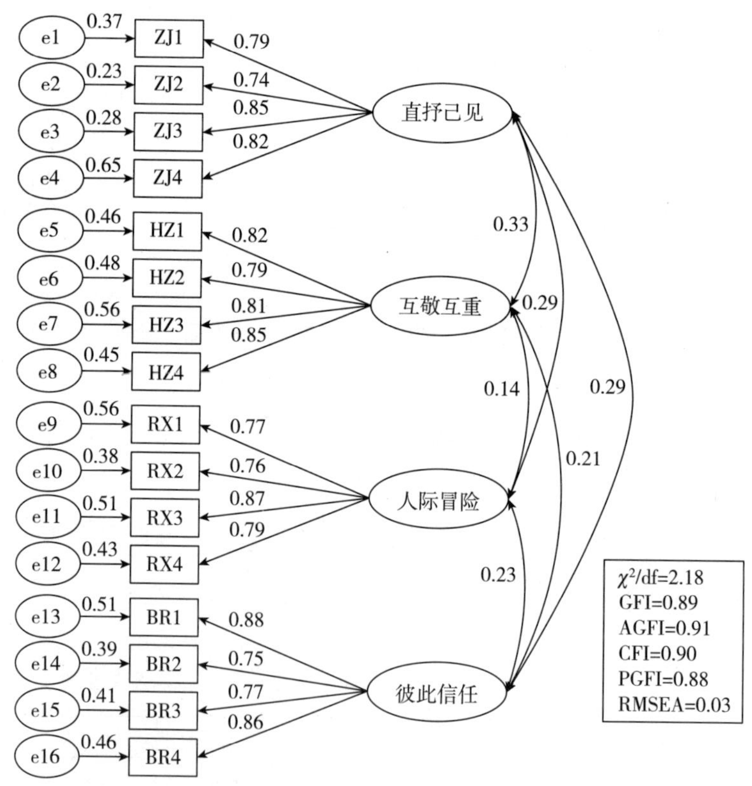

图 4－7 团队心理安全气氛结构测量的一阶验证性因子分析

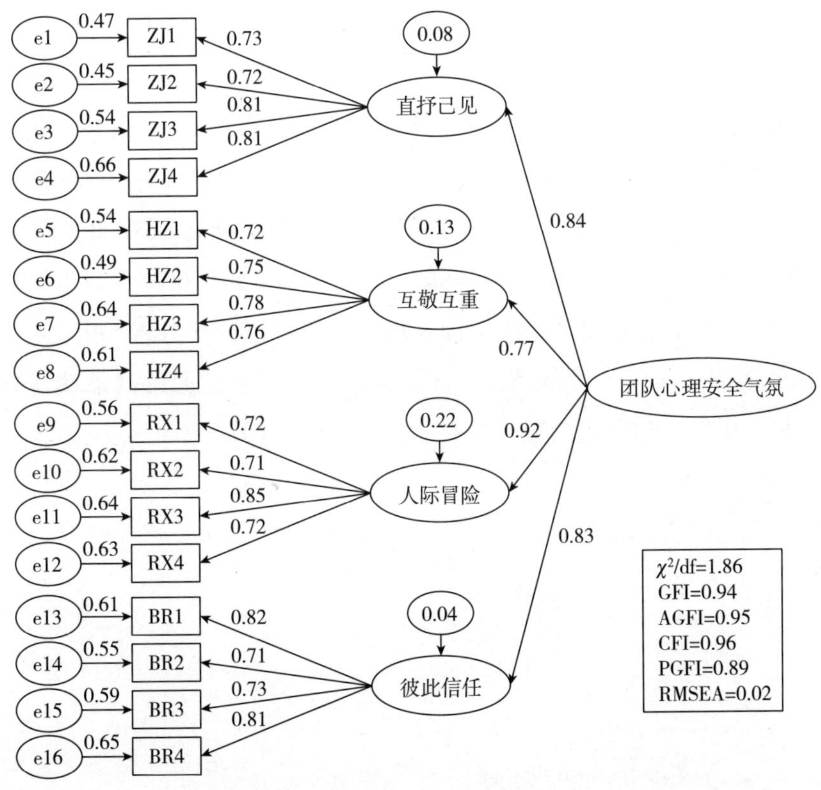

图 4-8 团队心理安全气氛结构测量的二阶验证性因子分析

另外，团队心理安全气氛的一阶因子模型与二阶因子模型各项拟合指数比较分析可得表 4-11。可以判定，两个模型的拟合指数相似，并且具有良好的拟合效果，说明该测量模型具有较好的建构效度，同时也可以认为，团队心理安全气氛的二阶因子模型相较于一阶因子模型更优。

表 4-11 团队心理安全气氛一阶、二阶因子模型的拟合指标及其比较

模型	χ^2/df	GFI	AGFI	RMSEA	CFI	PGFI
一阶因子模型	2.18	0.89	0.91	0.03	0.90	0.88
二阶因子模型	1.86	0.94	0.95	0.02	0.96	0.89

4.2.2.5 团队效能

首先对团队效能结构采用一阶验证性因子分析。由图 4-9 可知：团队效能各维度下的所有条目的因子载荷均高于 0.5，显著系数 P 值均小于 0.001。具体来看，团队绩效与团队满意度、在职意愿的相关系数分别为 0.67、0.55，显著系数 P 值均小于 0.001；团队满意度与在职意愿的相关系数为 0.45，显著系数 P 值均小于 0.001。接着，对团队效能结构采用二阶验证性因子分析。由图4-10 可知：团队效能下 3 个因子团队绩效、团队满意度、在职意愿的因子载荷分别为 0.76、0.81、0.86，这些值的显著系数 P 值均小于 0.001。

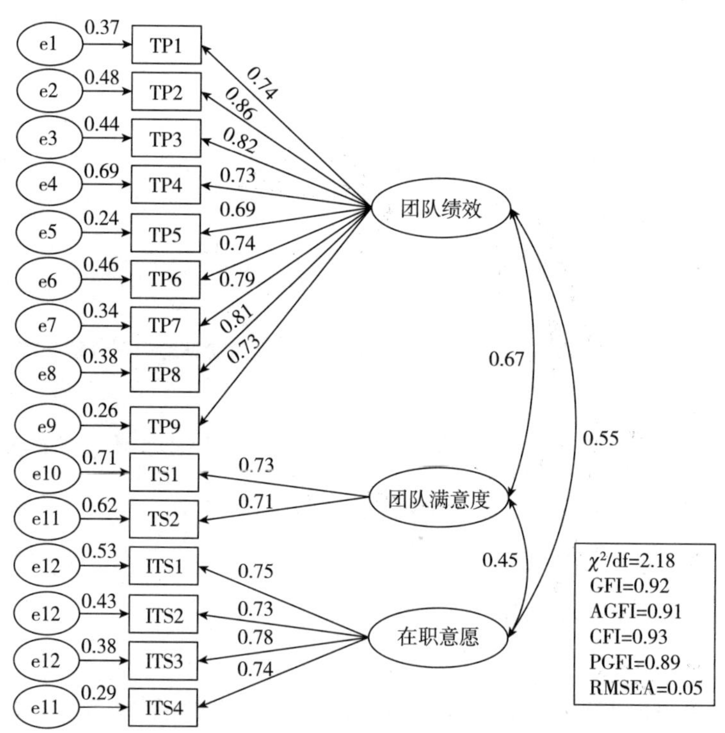

图 4-9 团队效能结构测量的一阶验证性因子分析

另外，团队效能的一阶因子模型与二阶因子模型各项拟合指数比较分析可得表 4-12。可以判定，两个模型的拟合指数相似，并且具有良好的拟合效果，说

明该测量模型具有较好的建构效度，同时也可以认为，团队效能的二阶因子模型相较于一阶因子模型更优。

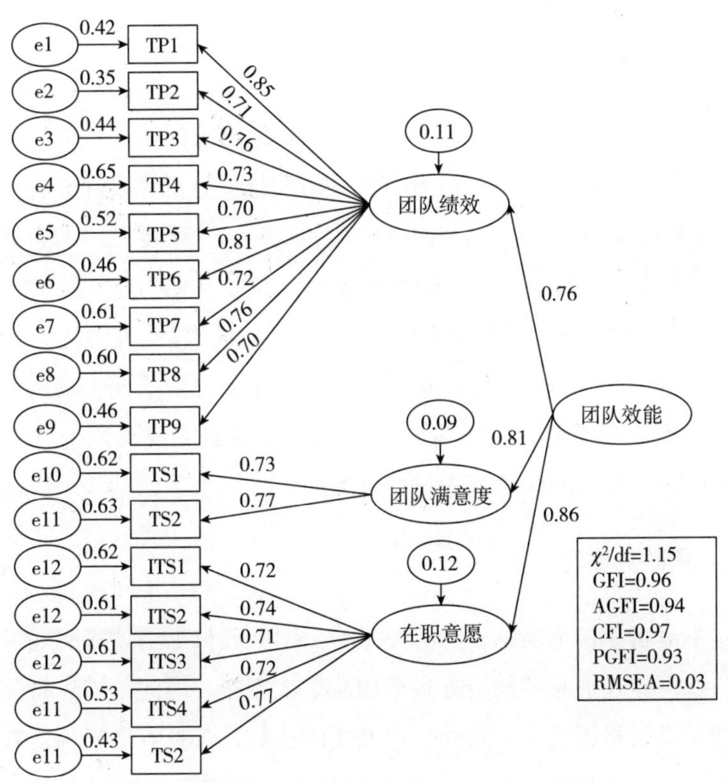

图 4－10　团队效能结构测量的二阶验证性因子分析

表 4－12　团队效能一阶、二阶因子模型的拟合指标及其比较

模型	χ^2/df	GFI	AGFI	RMSEA	CFI	PGFI
一阶因子模型	2. 18	0. 92	0. 91	0. 05	0. 93	0. 89
二阶因子模型	1. 15	0. 96	0. 94	0. 03	0. 97	0. 93

4.3 实证分析结果

由上述 EFA 及 CFA 过程，特别是 CFA 过程中得到的结果说明，各变量的结构清晰，在一阶、二阶状态下都适合做进一步的统计分析。本部分将用层次回归（Hierarchical Regression Analyses，HRA）就各变量一阶维度之间的直接效应进行分析，同时也验证各变量二阶因子之间的直接效应，从而对相关研究假设进行验证；然后，运用 SEM 分析整体研究模型的最佳模式，以及其中团队心理安全气氛所起的中介效应。不过，在做 HRA 和 SEM 和之前，为了使本书的结果更具有代表性和科学性，在借鉴相关学者对于团队领域的研究成果之上（Yan，2009；James，1984），首先对团队数据进行加总。

4.3.1 团队数据的加总

由于本书分析单位为团队，所有变量皆由团队成员个别填答问卷所获得的个人层次资料，可经过加总平均后处理成团队层次资料。因此，需先检测团队内成员填答各变量条目是否符合一致性，以及团队成员是否具有变异性。首先，以不同团队作为区别组群因素，针对变革型领导变量填答资料进行单因子变异性分析，结果显示达显著水平（$F = 3.292$，$P < 0.001$），代表不同团队间单位在变革型领导上填答结果存在显著差异。同样方法用以检测其他变量，结果显示交易型领导（$F = 2.953$，$P < 0.001$）、放任型领导（$F = 2.423$，$P < 0.001$）、团队心理安全气氛（$F = 2.676$，$P < 0.001$）、团队效能（$F = 2.570$，$P < 0.001$）四者皆达显著水平，表示不同团队在交易型领导、放任型领导、团队心理安全气氛及团队效能上的填答结果亦存在显著差异。

其次，本书运用群体内部信赖系数 Rwg（within - group interrater reliability）指标来检验同一集群内填答者在某一变量上是否具备一致性认知，当 Rwg 大于 0.7 即可视团队成员间填答结果具有足够的一致性，经计算分别可得变革型领导填答结果的 Rwg 平均为 0.91，交易型领导填答结果的 Rwg 平均为 0.94，放任型领导填答结果的 Rwg 平均为 0.84，团队心理安全气氛填答结果的 Rwg 平均为 0.88，团队效能填答结果的 Rwg 平均为 0.95。

最后，本书检测各变量的 ICC（1）和 ICC（2）。ICC（1）代表个体在某一变量上的变异可通过群体变量加以解释的程度，即代表同一群体内部成员受访互置程度，James（1984）认为 ICC（1）通常介于 0～0.5，中位数为 0.12，当 ICC（1）值越大，群内评量成员的认知越相似，代表可由群体内部成员的单一评量者的评价分数来推估群体的平均值。ICC（2）则是衡量群体平均值的信度值或是稳定程度，ICC（2）值高于 0.7 是可接受的，介于 0.5～0.7 属勉强可接受水平。经计算结果显示，变革型领导的 ICC（1）为 0.23、ICC（2）为 0.52，交易型领导的 ICC（1）为 0.17、ICC（2）为 0.58，放任型领导的 ICC（1）为 0.12、ICC（2）为 0.47，团队心理安全气氛的 ICC（1）为 0.29、ICC（2）为 0.61，团队效能的 ICC（1）为 0.31、ICC（2）为 0.64。

由以上分析结果显示，变革型领导、交易型领导、放任型领导、团队心理安全气氛、团队效能等变量在团队内成员的填答结果中有足够的一致性，并且团队间填答结果具有足够差异。因此，本书判断将个人层次资料加总平均为团队层次资料是适当的。

4.3.2 变量描述性统计及多重共线性分析

本书用皮尔逊相关系数（Pearson Correlation Coefficients）计算变量变革型领导（理想化信念、理想化行为、动机鼓舞、智能激发、个性化关怀）、交易型领导（权变报酬、主动例外管理）、放任型领导（消极例外管理、自由放任主义）、团队心理安全气氛（直抒己见、互敬互重、人际冒险、彼此信任）、团队效能（团队绩效、团队满意度、在职意愿）之间的相关系数。由表 4-13 可知，各变量之间的相关系数均在 $P<0.01$ 的水平下达到显著。同时，表 4-13 报告了各变量的平均数和标准差。各变量的平均数越靠近标度均值（Mean = 3），说明各变量存在共线性的问题概率越小（J. Cohen，Cohen，West & Aiken，2003）。

另外，为了下面的层次回归模型分析，本书对各变量的方差膨胀因子（Variance Inflation Factor，VIF）做了检验，证明表 4-13 中 16 个变量的 VIF 都小于 2.5，另外，检查各变量的条件指数（Condition Index，CI）发现，上述 16 个变量

表 4-13　各变量的描述性统计（团队数据，N=200）

	变量	平均数	标准差	1	2	3	4	5	6	7	8	9	10	11	12	13	14	15	16
1	理想化信念	3.42	0.96	**0.85**															
2	理想化行为	3.71	1.01	0.51***	**0.87**														
3	动机鼓舞	4.06	0.86	0.45***	0.39***	**0.91**													
4	智能激发	3.83	0.85	0.41***	0.41***	0.35***	**0.85**												
5	个性化关怀	3.61	0.96	0.29***	0.22***	0.32***	0.36***	**0.88**											
6	权变报酬	4.37	0.89	0.51***	0.45***	0.37***	0.30***	0.48***	**0.86**										
7	主动例外管理	3.85	0.95	0.32***	0.21***	0.17***	0.23***	0.29***	0.25***	**0.83**									
8	消极例外管理	3.13	0.97	-0.42***	-0.34***	-0.38***	-0.32***	-0.11***	-0.14***	-0.36***	**0.92**								
9	自由放任主义	2.94	1.01	-0.61***	-0.51***	-0.26***	-0.45***	-0.22***	-0.35***	-0.37***	-0.47**	**0.91**							
10	直抒己见	3.93	1.03	0.14**	0.42***	0.61***	0.36***	0.61***	0.55***	0.40***	-0.55	0.10	**0.82**						
11	互敬互重	4.41	0.99	0.24*	0.44***	0.63***	0.33***	0.68***	0.53***	0.46***	-0.39	0.17	0.64***	**0.88**					
12	人际冒险	3.82	0.95	0.16**	0.46***	0.66***	0.30***	0.61***	0.58***	0.49***	-0.50	0.38	0.52***	0.59***	**0.84**				
13	彼此信任	3.58	1.23	0.17**	0.47***	0.67***	0.31***	0.62***	0.59***	0.40***	-0.51	0.29	0.53***	0.60***	0.39***	**0.88**			
14	团队绩效	4.33	1.17	0.28***	0.28*	0.08***	0.32*	0.23***	0.40***	0.11***	-0.52	-0.30*	0.24***	0.11**	0.40***	0.20*	**0.83**		
15	团队满意度	4.32	0.96	0.29***	0.29**	0.09***	0.33*	0.24***	0.41***	0.12***	-0.53	-0.29*	0.25***	0.12*	0.41***	0.21*	0.40***	**0.85**	
16	在职意愿	3.81	1.35	0.30***	0.30	0.10***	0.34*	0.25***	0.52***	0.13***	-0.54	-0.42*	0.26***	0.13**	0.42***	0.22*	0.41***	0.45***	**0.82**

注：对角线黑体字报告的是团队层面各变量的 Cronbach's α 系数值；* 表示 $P<0.05$，** 表示 $P<0.01$，*** 表示 $P<0.001$。

的 CI 值都在 0.30 以下。可以看出，各变量的 VIF 和 CI 值都在警戒标准（VIF < 10，张明隆，2003；CI < 0.30，Tacq，1997）之下，说明各变量可用于多元回归分析。

4.3.3 变革型领导对团队效能的直接效应

表 4-14 分析了变革型领导和团队效能之间的关系。选择团队规模、在团队平均服务年限、团队平均教育水平作为回归方程中的控制变量是因为：首先，这三个变量在团队数据加总平均更容易实现；其次，这三个变量在人口统计学变量中对团队的影响作用相对更大；最后，三个变量的影响作用最具有代表性。另外，团队规模、在团队平均服务年限在某些情境下确实对于团队效能产生影响（John et al.，2007），而团队成员的素质显然对于团队效能有可能产生不一样的影响，所以特别选择这三个变量做控制变量。在后面的回归方程中同样会选择这三个变量做不同回归方程的控制变量，不再赘述。

表 4-14 层次回归：变革型领导对团队效能的影响

自变量	因变量：团队效能		
	第一步	第二步	第三步
团队规模	0.25***	0.17*	0.16*
在团队平均服务年限	-0.11**	0.07	0.06
团队平均教育水平	0.05***	0.01*	0.01*
理想化信念		0.41***	
理想化行为		0.15	
动机鼓舞		0.16***	
智能激发		0.38*	
个性化关怀		0.18***	
变革型领导			0.36***
F	1.21***	9.90***	29.39***
R^2	0.01***	0.20***	0.13***
ΔR^2		0.19***	0.12***

注：* 表示 P < 0.05，** 表示 P < 0.01，*** 表示 P < 0.001。

可以清楚地看到，团队规模、在团队平均服务年限、团队平均教育水平对团队效能有显著的影响，对团队效能的方差能提供1%的解释。但是，在将变革型领导引入层次回归方程后，可以解释的方差大幅度提高（ΔR^2 为0.19），并且模型的F值都在 $P<0.001$ 的水平上达到显著，说明回归模型拟合度较好。变革型领导对团队效能的影响是显著的（$\beta=0.36$，$P<0.001$），具体来说，变革型领导中：理想化信念（$\beta=0.41$，$P<0.001$）、理想化行为（$\beta=0.15$，不显著）、动机鼓舞（$\beta=0.16$，$P<0.001$）、智能激发（$\beta=0.38$，$P<0.05$）、个性化关怀（$\beta=0.18$，$P<0.001$）对团队效能的影响作用显著。因此，H1得到验证。

4.3.4 交易型领导对团队效能的直接效应

从表4－15中可以清楚地看到，团队规模、在团队平均服务年限、团队平均教育水平对团队效能有显著的影响，对团队效能的方差能提供1%的解释。但是，在将交易型领导引入层次回归方程后，不但可以解释的方差大幅度提高（$\Delta R^2=0.21$），而且模型的F值都在 $P<0.001$ 的水平上达到显著，说明回归模型拟合度较好。交易型领导对团队效能的影响是显著的（$\beta=0.31$，$P<0.001$），具体来说，交易型领导中：权变报酬（$\beta=0.47$，$P<0.001$），主动例外管理（$\beta=0.16$，$P<0.001$），对团队效能的影响作用显著。因此，H2得到验证。

表4－15 层次回归：交易型领导对团队效能的影响

自变量	因变量：团队效能		
	第一步	第二步	第三步
团队规模	0.25***	0.48**	0.39**
在团队平均服务年限	－0.11**	0.09	0.08
团队平均教育水平	0.05***	0.02*	0.01*
权变报酬		0.47***	
主动例外管理		0.16***	
交易型领导			0.31***
F	1.21***	24.49***	15.1***
R^2	0.01***	0.22***	0.17***
ΔR^2		0.21***	0.16***

注：*表示 $P<0.05$，**表示 $P<0.01$，***表示 $P<0.001$。

4.3.5 放任型领导对团队效能的直接效应

从表4－16中可以清楚地看到，团队规模、在团队平均服务年限、团队平均教育水平对团队效能有显著的影响，对团队效能的方差能提供1%的解释。将放任型领导引入层次回归方程后，可以解释的方差也没有大幅度提高，并且模型的F值基本不显著，说明回归模型拟合度不佳。不过，从本书模型中可以说明的是，放任型领导对团队效能的影响是不显著的（β＝－0.68），具体来说，放任型领导中：消极例外管理（β＝－0.54，不显著）、自由放任主义（β＝－0.31，P<0.05）对团队效能的影响作用不显著。因此，H3没有得到验证。

表4－16　层次回归：放任型领导对团队效能的影响

自变量	因变量：团队效能		
	第一步	第二步	第三步
团队规模	0.25***	0.34	0.31
在团队平均服务年限	－0.11**	0.47	0.35
团队平均教育水平	0.05***	0.23	0.12
消极例外管理		－0.54	
自由放任主义		－0.31*	
放任型领导			－0.68
F	1.21***	29.0	20.43
R^2	0.01***	0.43	0.30
ΔR^2		0.41	0.28

注：*表示P<0.05，**表示P<0.01，***表示P<0.001。

4.3.6 团队心理安全气氛对团队效能的直接效应

由表4－17可以清楚地看到，团队规模、在团队平均服务年限、团队平均教育水平对团队效能有显著的影响，对团队效能的方差能提供5%的解释。但是，在将团队心理安全气氛引入层次回归方程后，不但可以使解释的方差大幅度提高（$\Delta R^2=0.29$），而且使模型的F值都在P<0.001的水平上达到显著，说明回归

模型拟合度较好。团队心理安全气氛对团队效能的影响是显著的（β=0.42，P<0.001），具体来说，团队心理安全气氛中：直抒己见（β=0.27，P<0.01）、互敬互重（β=0.11，P<0.05）、人际冒险（β=0.41，P<0.001）、彼此信任（β=0.19，P<0.05）对团队效能的影响作用显著。因此，H4 得到验证。

表 4-17　层次回归：团队心理安全气氛对团队效能的影响

自变量	因变量：团队效能		
	第一步	第二步	第三步
团队规模	0.25***	0.22**	0.19**
在团队平均服务年限	-0.11**	0.08**	0.06**
团队平均教育水平	0.05***	0.03*	0.02*
直抒己见		0.27**	
互敬互重		0.11*	
人际冒险		0.41***	
彼此信任		0.19*	
团队心理安全气氛			0.42***
F	1.21***	15.57***	40.25***
R^2	0.05***	0.34***	0.37***
ΔR^2		0.29***	0.32***

注：*表示 P<0.05，**表示 P<0.01，***表示 P<0.001。

4.3.7　变革型领导对团队心理安全气氛的直接效应

由表4-18 可以清楚地看到，团队规模、在团队平均服务年限、团队平均教育水平对团队心理安全气氛的影响显著，对团队心理安全气氛的方差能提供5%的解释。但是，在将变革型领导引入层次回归方程后，不但可以使解释的方差大幅度提高（ΔR^2=0.29），而且使模型的 F 值都在 P<0.001 的水平上达到显著，说明回归模型拟合度较好。变革型领导对团队心理安全气氛的影响是显著的（β=0.57，P<0.001），具体来说，变革型领导中：理想化信念（β=0.13，不显著）、理想化行为（β=0.42，P<0.001）、动机鼓舞（β=0.63，P<0.001）、智能激发（β=0.36，P<0.001）、个性化关怀（β=0.62，P<0.001）对团队心

理安全气氛的影响作用显著。因此，H5 得到验证。

表 4-18 层次回归：变革型领导对团队心理安全气氛的影响

自变量	因变量：团队心理安全气氛		
	第一步	第二步	第三步
团队规模	0.58**	0.43**	0.40**
在团队平均服务年限	0.77*	0.24*	0.15*
团队平均教育水平	-0.23**	-0.17	-0.14*
理想化信念		0.13	
理想化行为		0.42***	
动机鼓舞		0.63***	
智能激发		0.36***	
个性化关怀		0.62**	
变革型领导			0.57***
F	2.85***	12.26***	24.65***
R^2	0.05***	0.34***	0.32***
ΔR^2		0.29***	0.27***

注：*表示 P<0.05，**表示 P<0.01，***表示 P<0.001。

4.3.8 交易型领导对团队心理安全气氛的直接效应

从表 4-19 中可以清楚地看到，团队规模、在团队平均服务年限、团队平均教育水平对团队心理安全气氛的影响显著，对团队心理安全气氛的方差能提供 5%的解释。但是，在将交易型领导引入层次回归方程后，不但可以使解释的方差大幅度提高（$\Delta R^2=0.24$），而且使模型的 F 值都在 $P<0.001$ 的水平上达到显著，说明回归模型拟合度较好。交易型领导对团队心理安全气氛的影响是显著的（$\beta=0.53$，$P<0.001$），具体来说，交易型领导中：权变报酬（$\beta=0.56$，$P<0.001$）、主动例外管理（$\beta=0.45$，$P<0.001$）对团队心理安全气氛的影响作用显著。因此，H6 得到验证。

表 4-19　层次回归：交易型领导对团队心理安全气氛的影响

自变量	因变量：团队心理安全气氛		
	第一步	第二步	第三步
团队规模	0.58**	0.53*	0.43*
在团队平均服务年限	0.77*	0.65*	0.61*
团队平均教育水平	-0.23**	-0.14	-0.11
权变报酬		0.56***	
主动例外管理		0.45***	
交易型领导			0.53***
F	2.85***	11.69***	19.10***
R^2	0.05***	0.29***	0.28***
ΔR^2		0.24***	0.23***

注：* 表示 P<0.05，** 表示 P<0.01，*** 表示 P<0.001。

4.3.9　放任型领导对团队心理安全气氛的直接效应

从表 4-20 中可以清楚地看到，团队规模、在团队平均服务年限、团队平均教育水平对团队心理安全气氛的影响显著，对团队心理安全气氛的方差能提供 5% 的解释。将放任型领导引入层次回归方程后，可以解释的方差没有大幅度提高（ΔR^2 在 0.06 至 0.08），并且模型的 F 值并不显著，说明回归模型拟合度并不理想。放任型领导对团队心理安全气氛的影响是不显著的（β = -0.41，P > 0.10），具体来说，放任型领导中：消极例外管理（β = -0.56，不显著）、自由放任主义（β = 0.09，不显著）对团队心理安全气氛的影响作用不显著。因此，H7 并没有得到验证。

表 4-20　层次回归：放任型领导对团队心理安全气氛的影响

自变量	因变量：团队心理安全气氛		
	第一步	第二步	第三步
团队规模	0.58**	-0.07*	-0.03*
在团队平均服务年限	0.77*	0.06	0.08*
团队平均教育水平	-0.23**	0.07*	0.01

续表

自变量	因变量：团队心理安全气氛		
	第一步	第二步	第三步
消极例外管理		-0.56	
自由放任主义		0.09	
放任型领导			-0.41
F	2.85 ***	15.26	10.84
R^2	0.05 ***	0.08	0.06
ΔR^2		0.07	0.05

注：* 表示 P<0.05，** 表示 P<0.01，*** 表示 P<0.001。

4.3.10 团队心理安全气氛的中介效应

按照 Baron 和 Kenny（1986）所建议的方法，团队心理安全气氛在领导风格（变革型领导、交易型领导、放任型领导）和团队效能关系中起完全中介作用（Full Mediation）必须满足以下 4 个条件：①领导风格（变革型领导、交易型领导、放任型领导）和团队效能必须显著相关；②团队心理安全气氛与团队效能必须显著相关；③领导风格（变革型领导、交易型领导、放任型领导）和团队心理安全气氛必须显著相关；④当团队心理安全气氛进入领导风格（变革型领导、交易型领导、放任型领导）和团队效能的关系分析中，领导风格（变革型领导、交易型领导、放任型领导）和团队效能的关系消失。如果当团队心理安全气氛进入领导风格（变革型领导、交易型领导、放任型领导）和团队效能的关系分析中，领导风格（变革型领导、交易型领导、放任型领导）和团队效能的关系依然显著相关，但关系显著地减弱，则称团队心理安全气氛在领导风格（变革型领导、交易型领导、放任型领导）和团队效能关系中起部分中介作用（Partial Mediation）。Baron 和 Kenny（1986）指出，结构方程模型对那些具有多个显示条目的潜变量间的关系分析具体独特的优势，因此本书采用 SEM 来分析团队心理安全气氛的中介效应。

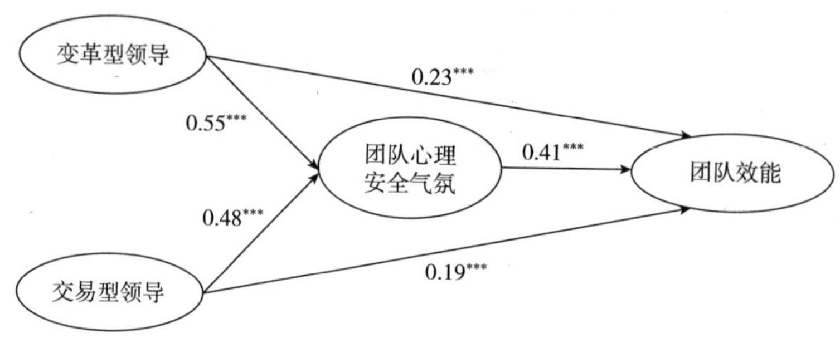

图4－11　团队心理安全气氛中介模型

关于团队心理安全气氛的中介效应，由H1、H2、H3、H5、H6得证可知，变革型领导、交易型领导显著正向作用于团队心理安全气氛（0.57，0.53，P<0.001）及团队效能（0.36，0.31，P<0.001）团队心理安全气氛显著正向作用于团队效能（0.42，P<0.001），Baron和Kenny的前三者条件在这里得到满足。在团队心理安全气氛加入其间后，由图4－11可以看出，变革型领导、交易型领导对于团队效能的直接效应都有显著的减弱（0.23，0.19，P<0.001），虽然直接效应依然显著，结合前述回归分析所得的相关结果及Baron和Kenny（1986）关于中介效应的判别标准，可以判定团队心理安全气氛在变革型领导、交易型领导与团队效能的正向关系中起部分中介效应，而团队心理安全气氛在放任型领导与团队效能的关系中不存在中介作用，因此，可以认为H8得到部分支持。

第5章　研究结果及讨论

本书以领导风格为自变量，团队效能为因变量，探讨领导风格不同维度对于团队效能的具体影响，并且，以团队心理安全气氛为视角，用归纳演绎及实证的方法分析了团队心理安全气氛的内部结构和特征，最终把团队心理安全气氛作为中介变量引入领导风格与团队效能的关系之中，探讨了团队心理安全气氛中介视角下变革型领导、交易型领导、放任型领导与团队效能之间的作用关系。经过理论及实证分析，本书对理论假设进行了相关的验证，同时得出了一些比较重要的结论。这些结论对于领导理论、团队理论是非常有益的补充，对于管理实践也具有很强的针对性。当然，在本书的研究过程中，也发现了一些问题，在未来的研究中还有待于进一步深入挖掘。

5.1　研究结果总结

5.1.1　团队心理安全气氛的结构探讨及相关结论

本书通过国内外大量文献的梳理发现，团队心理安全气氛是团队理论研究中一个新兴的论点，值得深入研究，但是应用于中国文化情境下的团队心理安全气氛量表并没有非常成熟的参考，因此，本书着眼于开发适合中国文化情境的团队心理安全量表。

本书在团队心理安全气氛量表确定阶段，通过专题座谈、深入访谈、关键事件法、专家头脑风暴法等定性研究方法，并通过离散程度法、相关系数法、因子分析法、区别度分析法、Cronbach's α 法及重测信度法等定量研究方法，最终确定了团队心理安全气氛正式研究量表，通过有针对性地收集了 312 份有效问卷，利用 SPSS16. 0 及 AMOS6. 0 等计量分析软件，对团队心理气氛做了相关的探索性因子分析和验证性因子分析。分析结果表明，团队心理安全气氛具有直抒己见、互敬互重、人际冒险及彼此信任四个维度，本书编制的中国文化情境下的团队心理安全气氛量表实现了概念定义与实际测量的有效匹配，且信度与效度较好，是一个有效的测量工具。

本书认为，Edmondson 的量表条目总结起来主要是人际冒险（5 个条目）和彼此信任（2 个条目）。本书确定的团队心理安全气氛量表与 Edmondson（1999）的量表相比，不但增加了衡量条目，也细化了构成维度，其条目的构成也与 Edmondson 的条目形成了有效的互补以及鲜明的对比，从而在测度团队心理安全气氛的准确性上显得更高。另外，本书与杨敏禧（2002）的研究相比，在团队心理安全气氛维度的划分及命名上有些类似，不过内涵并不趋同，本书量表的维度命名能更准确地把握维度的内涵（比如说，“直抒己见”比“畅所欲言”的准确性更强），而且，本书量表与杨敏禧量表在具体条目上的遣词、措辞完全不同，并且经由大量的定量定性分析方法筛选获取，而且充分考虑了语句在中国大陆及使用汉语地区的被试性，因此本书量表的可操作性更强。

本书所采用的团队心理安全气氛量表的主要局限在于，文献梳理可能遗漏了团队心理安全气氛领域的一些重要文献，部分定义和测量工具未能被本书所借鉴，新开发量表的测量条目有可能偏少，实证样本数据质量还可能有待进一步地提高等。为此，深化领域文献及定义研究，加强新开发量表与国内外主要团队心理安全气氛量表的比较分析，采用其他样本数据对新开发量表进行再检验与修正，以及结合最新前沿动态，应用新开发量表制作问卷、收集数据、进行实证研究等是未来研究中应注意的重要方面。

5.1.2 研究假设验证结果汇总及相关结论

根据理论综述及相关实证研究，本书共提出 8 个研究假设，总的来说，大部分研究假设都得到了验证，当然也有假设没有通过验证。如 H3 就没有通过验证，直接导致 H8 没有得到完全支持。不过，假设的完全支持、部分支持和完全不支持都相应完善和补充了相关理论研究的空白，给领导理论与团队理论及实践提供了良好的指导及借鉴作用。表 5－1 是本书假设验证结果汇总表。

表 5－1 研究假设结果汇总表

研究假设	内 容	结 果
H1	变革型领导对团队效能具有显著正向影响	支持
H2	交易型领导对团队效能具有显著正向影响	支持
H3	放任型领导对团队效能具有显著负向影响	不支持
H4	团队心理安全气氛对团队效能具有显著正向影响	支持
H5	变革型领导对团队心理安全气氛具有显著正向影响	支持
H6	交易型领导对团队心理安全气氛具有显著正向影响	支持
H7	放任型领导对团队心理安全气氛具有显著负向影响	不支持
H8	团队心理安全气氛在领导风格与团队效能的关系中起中介作用	部分支持

就领导风格与团队效能而言，变革型领导、交易型领导对团队效能都有显著的正向影响，即说明这两种领导风格的程度越高，对于团队绩效、团队满意度、团队成员的在职意愿会起到越强的正向影响。而放任型领导对团队效能的影响并不显著，与预期的设定有所差距。本书考虑到可能有以下几个因素的影响：第一，放任型领导放在改革开放 40 多年的中国，情境发生了巨大的变化，团队工作的任务、内容日益复杂多变，所以，放任型领导在新时期、新情境对于团队效能影响发生的变化也是权变的。第二，老子曰："以正治国，以奇用兵，以无事取天下。"现代企业管理中，员工都不喜欢更多的束缚和管理，更多的管理者追求老子所云的"无为而治"这一境界。当然，无为而治要建立在规范管理的基础上，领导者要具备高超的领导艺术，要平衡集权与授权的度，有为而不妄为，有所为有所不为，无为而无所不为。所以，放任型领导对于锐意进取、强调自我管理的工作团队而言，影响就并非负作用的。本书面向了较多的高科技工作团队取样，且高科技工作团队的员工的基本学历较高，70% 以上有着大学学历，所以可以认定高素质员工的日益成长，使放任型领导对团队绩效有着不同的影响关

系。第三，本书采用了便利取样，而且工作团队样本的数量也确实有限，所以不一定概括了全貌。

另外，变革型领导、交易型领导对团队效能的正向影响有一定差距，但差距不大。变革型领导对团队效能的直接影响为 0.36（$P<0.001$），交易型领导为 0.31（$P<0.001$）。变革型领导相较于交易型领导而言，更能显著正向预测团队效能。在变革型领导、交易型领导的众多相关理论研究中，变革型领导相较于交易型领导占优（Bass et al.，1985，2000；毛忞歆，2008）。因此，本书的研究结论也与主流的领导理论研究趋于一致。不过，本书也发现，在中国情境下，特别在人数规模有限的工作团队下，变革型领导对于绩效的影响基本上与交易型领导相差无异。可以从以下两点说明这个问题：首先，变革型领导强调心理因素激励层面，交易型领导强调物质权变报酬层面，一种抽象，另一种直观，在现实中国情境下，特别是中基层员工，对于物质回报的因素看得更重，从本书的样本选取中，更多的样卷填答恰由中基层甚至普通员工完成，所以交易型领导的影响作用与变革型领导基本一致。其次，Bass（1985）也提到，变革型领导、交易型领导并非一个连续体上的两个极端，而是可以同时存在，也就是说变革型领导、交易型领导可以同时成为领导风格的两个维度。并且，Bass（1985）认为，变革型领导是建立于交易型领导之上的领导风格类型。这就说明，变革型领导、交易型领导其实是一种你中有我、我中有你的并存现象，变革型领导、交易型领导可以同时正向作用于团队效能，并且两种正向效应相差不大也是正常的，可以接受的。

关于团队心理安全气氛与团队效能的直接效应，H4 的验证说明，这两者存在直接的相关关系，即团队心理安全气氛强度越高，团队绩效、团队满意度、在职意愿的效果就越好，反之亦反。在理论界对于团队心理安全气氛与团队效能的实证研究不多并且有限，本书的这一研究成果也是对于 Edmondson（1999）、陈国权（2008）的理论实证研究的一个补充，说明团队心理安全气氛具有对于团队效能作用的直接效应。因此，在建设良好团队气氛、团队文化这一问题上，应加大对团队心理安全气氛的研究。

三种不同领导风格对于团队心理安全气氛的影响。变革型领导、交易型领导对团队心理安全气氛具有正向显著影响，说明这两种领导风格的强度高低会影响团队心理安全气氛的强弱大小。因此，可以得出结论，变革型领导与交易型领导两种领导风格类型有益于团队心理安全气氛的构建与发展。另外，放任型领导对团队心理安全气氛的影响不显著，可能原因在于：第一，放任型领导一方面可能使员工的自主性增加，表达意见和看法的举动会增加，使得团队心理安全气氛上升，另一方面也可能使员工抱有“事不关已，高高挂起”的心态，工作积极性极大降低，良好的团队心理安全气氛就无从营造，所以两相冲抵，让放任型领导对于团队心理安全气氛的影响变得不显著。第二，如前述所说明的一样，放任型领导在大部分场合下是一种非有效的领导风格，不过，本书抽取的样本因保证问卷填答有效率的需要，采用了更多的知识型人员，所以也可能使得放任型领导对于团队心理安全气氛的影响变得不显著。不过，这一现象与结论也说明，放任型领导并非良好的领导风格类型，在具体使用时要严格把握好尺度。

H8 的验证是本书的一个重大成果。虽然团队心理安全气氛对于放任型领导和团队效能之间关系的中介效应没有得到验证，但变革型领导、交易型领导可以通过团队心理安全气氛影响团队效能得到了完全的验证。作为两种主要的领导风格类型，变革型领导、交易型领导无论在理论中还是在实践中，不管是在西方国家情境下还是在中国情境下，都能够正向地影响组织或团队要素。特别是，变革型领导项下的理想化信念、动机鼓舞、个性化关怀三个维度及交易型领导下的权变报酬维度对于团队效能（0.41，0.16，0.18，0.47，$P<0.001$）的影响显著，变革型领导项下的理想化行为、动机鼓舞、智能激发三个维度及交易型领导下的权变报酬维度对于团队心理气氛（0.42，0.63，0.36，0.56，$P<0.001$）影响显著。因此，团队中的领导者不但要身体力行，还要关心团队成员的思想、生活及工作，并且鼓励成员勇于表达意见、积极沟通等，营造良好团队心理安全气氛，最终提高整体团队的绩效、满意度及留职的意愿。

5.2　实践意义

领导风格实际上是一个老生常谈的话题，但是对于何种领导风格有效确实就是一个莫衷一是的问题。本书把变革型领导、交易型领导、放任型领导作为领导风格的衡量点，原因主要包括：第一，这三种领导风格可以清晰划分和衡定；第二，这三种领导风格有非常成熟的量表，并经过了跨文化情境的检验（Bass，2000），在应用上具有普适性；第三，也是特别需强调的重点，这三种领导风格在中国文化情境下其实有很大不同的表现。陈文晶等（2007）也认为，变革型领导、交易型领导研究中值得关注的问题有：一是权变观下的变革型领导与交易型领导，是共存的、互相补充的，什么样的领导方式有效还必须要因人、因时、因地等具体灵活地加以处理；二是从宏观角度而言，要关注中国独特文化背景下领导行为的研究，并且应探讨中国文化背景下有关交易型领导的结构维度；三是从微观角度而言，应该关注领导风格与企业文化的相互作用。另外，虽然放任型领导在很多研究中并没有被列为重点，也很少提及，但是，笔者跟企业界及博士同学在讨论企业实务特别是民营企业管理之时发现，企业实践中，很多领导风格从理论上看并不是有效的，如放任型领导风格类型，但是从团队或企业层面的实践结果来看，绩效却可能是正向的。也就是说，现实与理论形成了强烈的反差。不过经过本书的整体分析，可以得出如下结论：变革型领导、交易型领导是企业组织或团队内部普遍的领导风格类型，对于团队效能、组织绩效有着正向的显著影响。正因为决定团队效能、组织绩效的因素不仅有领导风格这一种，所以放任型领导风格也能和正向显著的团队效能、企业绩效所匹配，但是，这种正向的团队效能、企业绩效可能是因为经营大环境的看好、其他经营部门的盈利、下属员工的能力及自主性很强等因素所致。因此，对放任型领导要提高警惕，团队、企业的长期经营并不能总是投机取巧，也不可能一直处于良好的大环境，当有利的因素退去，团队及企业必将处于不利境地。因此，团队、部门及企业要加强对变革型领导及交易型领导风格的塑造和构建，警惕放任型领导的形成，才能有利于团队及企业的长期发展。

领导风格并非直接作用于团队效能，而可能通过营造相关良好的组织/团队气氛来间接作用于团队效能，比如团队心理安全气氛。通过变革型领导、交易型领导风格的明晰和强化，团队成员敢于直抒己见、互敬互重、人际冒险、彼此信任，进而产生强大的集体力量，从而有利于团队效能的提高。基于上述结论，本书特提出以下针对管理实践活动的具体建议：第一，建立重视团队效能的人力资源管理系统。从工作分析开始，由于团队领导者未必是固定的某一人，可能会因

任务的变化而有所变化，所以在挑选团队领导者及员工时就应该考量变革型员工特质，选取那些能够放开思维从各种角度探索问题，能带动他人思考，能尊重关心和信任成员，能冒险、肯担当、愿合作等行为特质的候选者，并把其纳入招募、选拔、培训及考评的计划之中，且在奖励激励中确立团队任务的具体表现为考核目标。第二，谨慎选择团队领导者。变革型领导、交易型领导皆为团队效能实现所需的领导风格。人格魅力特质影响变革型领导风格，权变理论要求领导者依需求调整领导风格。领导者必须有魅力影响成员，能启发团队成员智能，再加上适时的报酬激励，就能使团队效能得到更大效应。第三，营造有利于互助合作的团队心理安全气氛。心理安全是团队互动后所产生的结果，如果塑造互助合作并具有积极人际冒险的团队文化，能够加速团队心理安全气氛及凝聚力，提供良好的学习气氛与环境，最终有利于团队效能的改善和提高。因此，领导者要重视团队心理安全气氛，让团队成员彼此信任，相互吸引，达成一致团队目标，进而有利于人心所向，达成良好团队效能。

5.3 研究缺陷及展望

本书通过理论综述、研究假设及实证分析对理论模型进行了验证，得到了一些对于团队、领导理论及管理实践有益的结论，但仍囿于研究条件及水平的限制，存在很多的不足，亦可以根据现存不足做后续相关研究，如下所述：

5.3.1 量表的设计及数据的收集

本书并未将自变量领导风格、因变量团队效能作为主要的量表自设计重点，主要考虑到：团队效能与领导风格已经有非常多成熟且在多种文化情境下适用的量表，所以直接引用或加以基本修正可以达到去情境化的使用，特别是，经过本书的实证分析，确实也达到了预期的设想。领导风格中变革型领导、交易型领导、放任型领导用Bass（2000）的量表非常合适，第一个原因，这一领导风格划分方式使得维度清晰；第二个原因，Bass 的 MLQ 是目前变革型领导研究中使用最为广泛的问卷，并且有利于研究结果之间的相互比较和交流。但 MLQ 同样存在缺陷：首先，MLQ 的内容效度和构想效度并非足够理想。Yukl（1999）曾指出，变革型领导的内容效度不全，未能包括一些诸如授权等本应涵盖的维度；其次，国内李超平（2005）开发了适合中国的变革型领导问卷，但其并没有关注交易型领导与放任型领导，而这两种领导风格在管理实践中表现得非常突出，所以可以考虑在李超平的研究基础上开发中国情境下的交易型领导及放任型领导问卷，但是考虑到时间因素及难度系数，本书并未开展这一种尝试。另外，本书对于中国情境下团队心理安全气氛量表的开发比较成功，但是如前所述，仍可能疏漏一些重要学术文献，同时在访谈、座谈时的深度及广度有所不够，而且走访的企业数量比较有限，并在不同岗位上管理人员特别是高层管理人员的拜访有所不足，有可能导致团队心理安全气氛量表的科学性有所降低。因此，进一步完善量表的开发，特别是加大对中国情境下交易型领导、放任型领导量表的开发是今后的研究方向。

本书量表数据的收集方法单一，主要采用自陈式量表评测，并且数据的采集范围主要是在厦门、长沙、广州地区，所以在研究结论的普适性方面还有待于进一步检验。另外，为了便于数据的收集，本书的数据主要是团队成员的回答，并没有把团队领导者纳入研究范畴，未来可以考虑把团队领导者的观点纳入研究范畴。比如团队成员可以用于领导风格量表的填答，团队领导者可用于团队效能量表的填答，这样的研究结论更科学合理。同时，本书的数据只采用了横截面数据（Cross - sectional Data），这也是本书做得不深入细致的原因。未来通过实验条件、科研经费的完善，可以考虑收集时间序列（Time Series）数据，用以完善及佐证本书的理论观点。

5.3.2 多层次分析

从 2000 年以前，组织理论中大部分研究都是从个体层面来分析，2000 年以后，越来越多的学者开始关注个体和团队/组织层面来分析领导风格与领导有效性之间的关系，以确定领导风格的具体维度在个体层面及团队/组织层面所发挥的效应。当然，这也是多层次分析（Multilevel Analysis）统计研究方法不断发展使然。Kozlowski 和 Klein（2000）认为构念是多层次理论的组成要素，因此，建

议研究者明确地说明假设理论模型中构念所在的层次。多层次模型常包含个体层次（Individual－level）与单位层次（Unit－level）的构念，例如，个体的人格、认知、情感与行为是典型的个体层次的构念，而组织气氛、组织文化与团队绩效是典型的单位层次的构念。因此，本书把领导风格、团队心理安全气氛、团队效能放在团队层面进行分析，并对个体数据加总成团队数据的做法也是符合多层次分析方法的一种有益尝试。但是，本书并没有把个体层、团队层的数据放在一起进行多层次分析，主要考虑对多层线性模型（Hierarchical Linear Modeling，HLM）掌握得还不熟练，所以并没有采用这一分析软件。未来的研究中可以考虑用 HLM 来分析团队中跨层次直接作用模型（Cross－level Direct－effect Models）。

5.3.3 调节变量的选择

本书使用了团队心理安全气氛作为中介变量，用来解释领导风格与团队效能之间的具体关系。中介变量在理论上有两个重要的意义：①中介变量整合已有的研究或理论；②中介变量解释关系背后的作用机制（陈晓萍，2008）。另外本书也使用了团队规模、在团队平均服务年限、团队平均教育水平三个变量作为回归方程分析的控制变量。但是考虑到调节变量在 SEM 中实现的难度，本书并没有引入调节变量。但是，调节变量的使用可以找到现有理论的限制条件和适用范围。所以，调节变量能够帮助我们发展已有的理论，使理论对变量关系的解释更为精细。因此，可以考虑引入团队异质性、团队结构、团队情绪（Team Moods）等相关变量作为调节变量，使本书的研究成果更为连贯和系统。

5.3.4 团队心理安全气氛的研究展望

从团队心理安全气氛的综述可以看出：团队心理安全气氛这一概念在 20 世纪 90 年代末才引入管理领域，可以说是一个新兴的研究领域。团队心理安全气氛的研究内容在不断深入，且研究方法在不断更新，且研究的范围也在不断扩大，虽然取得不少的成果，但也面临着一些问题，这些问题需要在以后的研究中注意解决。

5.3.4.1 团队心理安全气氛的准确界定问题

团队心理安全气氛就其定义，近来的研究主要大都沿袭 Edmondson 的理论。但是我们发现这一构念很容易与心理契约、信任等构念相混淆。虽然 Edmondson 对这一现象做了比较详尽的论述，但不可否认，学术界对其准确的界定还没有达成共识。特别是，基于个体认知的团队心理安全气氛感知与基于团队认知的团队心理安全气氛是不同的，研究者必须对其有充分认识。

5.3.4.2 团队心理安全气氛的实证分析创新问题

从研究对象选取来看，现有的研究大多只选取某一单个职业或组织被试，研究成果缺乏普遍性。扩大样本量，探讨团队心理安全气氛的一般内容、结构和维度及不同文化背景下的异同，也是未来研究的一个重要方向。从研究的方法来看，已有的实证研究大多以访谈和问卷调查为主要方法，资料数据的分析大多采用因素分析、典型相关等，研究的方法、分析工具单一，因此，方法的创新将是研究取得突破性进展的重要方向。

5.3.4.3 增加团队心理安全气氛与更多变量关系的研究

总的来说，团队心理安全气氛的理论及实证研究并不是很多，所以可以加大其与其他组织变量的相关研究，特别是放在团队视角下展开最新的研究。毕竟团队工作是组织系统运作的一个基本单位，也是组织发展的重点和新趋势。国内关于团队心理安全气氛的研究比较少，这方面台湾、香港等地区研究得比较系统和深入，在文化大背景相同的情境下，增加这方面的研究有助于心理安全气氛理论的进一步发展。

附　录

领导风格、团队心理安全气氛与团队效能的关系调查问卷

亲爱的女士/先生：

您好！

首先恳请并感谢您百忙之中，拨冗5分钟填写这份问卷。

这一份问卷是有关团队效能（绩效）的学术性研究问卷。

此份问卷目的是在探讨领导风格对于团队效能（绩效）的影响，您的填答给我们提供宝贵的信息，劳烦之处，敬请海涵。

在此谨致上最诚挚的谢意，并祝健康快乐，万事如意！

第一部分　团队领导者的领导风格

请您依据实际情况，指出贵团队（部门）领导者的领导风格表现，在下列您认为最适当的数字上打“√”。

1 = 完全不同意，2 = 不太同意，3 = 不同意与不反对，4 = 同意，5 = 完全同意					
1. 领导者以跟大家一起工作为荣。	1	2	3	4	5
2. 领导者超越个人利益，以集体利益为重。	1	2	3	4	5
3. 领导者的行为会让其他团队成员对我产生敬意。	1	2	3	4	5
4. 领导者充满精力，表露自信。	1	2	3	4	5

续表

1 = 完全不同意，2 = 不太同意，3 = 不同意与不反对，4 = 同意，5 = 完全同意					
5. 领导者谈论他们最重要的价值观和信念。	1	2	3	4	5
6. 领导者能给员工指明奋斗目标和前进方向。	1	2	3	4	5
7. 领导者能考虑所做决策是否符合伦理道德。	1	2	3	4	5
8. 领导者强调拥有共同使命的重要性。	1	2	3	4	5
9. 领导者对未来的发展充满信心。	1	2	3	4	5
10. 领导者热衷于谈论将要完成的任务。	1	2	3	4	5
11. 领导者向大家描绘了令人向往的未来。	1	2	3	4	5
12. 领导者对于目标的达成充满自信。	1	2	3	4	5
13. 领导者会对问题关键假设进行适当性反复检验。	1	2	3	4	5
14. 领导者解决问题时善于从不同角度着手。	1	2	3	4	5
15. 领导者会让团队成员站在不同角度上看待问题。	1	2	3	4	5
16. 领导者建议团队成员在完成任务时寻找新的解决方案。	1	2	3	4	5
17. 领导者耐心地教导员工，为员工答疑解惑。	1	2	3	4	5
18. 领导者在与员工打交道的过程中，会考虑员工个人的实际情况。	1	2	3	4	5
19. 领导者关心每个员工的工作、生活和成长。	1	2	3	4	5
20. 领导者注重创造条件，让员工发挥自己的特长。	1	2	3	4	5
21. 领导者帮助员工发挥最大能力。	1	2	3	4	5
22. 领导者与员工一起讨论达成绩效指标的具体细节。	1	2	3	4	5
23. 领导者明确阐述达成绩效所将得到的劳动收入。	1	2	3	4	5
24. 领导者表扬完成预期绩效的员工。	1	2	3	4	5
25. 领导者关注不符合绩效标准的工作失误及偏差。	1	2	3	4	5
26. 领导者要求员工关注并处理工作失误、偏差及客户投诉。	1	2	3	4	5
27. 领导者追踪所有工作失误。	1	2	3	4	5
28. 领导者纠正员工失误以符合相关标准。	1	2	3	4	5
29. 领导者直到事情严重时才开始处理问题。	1	2	3	4	5
30. 领导者在处理问题之前任由事情变坏。	1	2	3	4	5
31. 领导者坚信“东西未坏，无须处理”原则。	1	2	3	4	5
32. 领导者采取措施之前，问题就已经一直存在。	1	2	3	4	5
33. 领导者对严重的问题采取回避原则。	1	2	3	4	5
34. 领导者缺席所需出席场合。	1	2	3	4	5
35. 领导者逃避做出决策。	1	2	3	4	5
36. 领导者对紧急问题采取拖延态度。	1	2	3	4	5

第二部分　团队心理安全气氛

此部分问题请您以个人的感受或认知，根据下列描述的状况，在每题您认为最适当的数字上打“√”。

1 = 完全不同意，2 = 不太同意，3 = 不同意与不反对，4 = 同意，5 = 完全同意					
1. 团队成员能坦诚、直来直往地沟通。	1	2	3	4	5
2. 对于所定下的团队目标、目的，团队中存有公开反对意见。	1	2	3	4	5
3. 团队其他成员能提出尖锐的问题。	1	2	3	4	5
4. 团队成员不会主动对我提出建议。	1	2	3	4	5
5. 团队成员会试着去了解别人的观点。	1	2	3	4	5
6. 大部分的团队成员对新的观点或思考方式采取接纳的态度。	1	2	3	4	5
7. 团队成员间彼此敬重与相互欣赏。	1	2	3	4	5
8. 团队成员尊重其他成员的建议与观点。	1	2	3	4	5
9. 团队成员向其他成员求助是一件困难的事。	1	2	3	4	5
10. 在这个团队中允许犯错误。	1	2	3	4	5
11. 团队成员犯了错误，其他成员会对其有异议。	1	2	3	4	5
12. 团队成员有时会反对其他成员的与众不同。	1	2	3	4	5
13. 团队成员对于彼此间的相处，采取小心谨慎的态度。	1	2	3	4	5
14. 团队成员相信彼此的工作能力。	1	2	3	4	5
15. 团队成员彼此相互信赖。	1	2	3	4	5
16. 与团队成员合作，我的能力和专长都能得到发挥。	1	2	3	4	5

第三部分 团队效能

此部分问题请您以个人的感受或认知，根据下列描述的状况，在每题您认为最适当的数字上打“√”。

1 = 完全不同意，2 = 不太同意，3 = 不同意与不反对，4 = 同意，5 = 完全同意					
1. 我们做得比其他团队（部门）更好。	1	2	3	4	5
2. 对我们的工作（产品）质量的投诉很少或没有。	1	2	3	4	5
3. 我们的业绩经常达不到预期水平。	1	2	3	4	5
4. 有可能的话，我们的工作绩效将来会比现在更好。	1	2	3	4	5
5. 我们团队（部门）的绩效有时候很好，有时候很差。	1	2	3	4	5
6. 领导对我们团队（部门）有积极的评价。	1	2	3	4	5
7. 其他团队（部门）都比我们团队（部门）做得更好。	1	2	3	4	5
8. 我们团队（部门）的绩效比其他团队（部门）更好。	1	2	3	4	5
9. 我们团队的绩效往往能够达到预期的良好效果。	1	2	3	4	5
10. 我对我现在的同事感到满意。	1	2	3	4	5
11. 在这个团队工作令我感到满意。	1	2	3	4	5
12. 我正在积极主动寻找其他工作机会。	1	2	3	4	5
13. 一旦我找到更好的工作，我将离开公司。	1	2	3	4	5
14. 我正在很认真地考虑离职问题。	1	2	3	4	5
15. 我经常考虑跳槽问题。	1	2	3	4	5
16. 我认为我在公司至少还会工作五年。	1	2	3	4	5

第四部分 个人基本资料

请根据您个人的实际情况，在下列合适选项前的方框内打“√”。

1. 性别：

□男 □女

2. 年龄：

□30 岁以下 □30 ~ 39 岁 □40 ~ 49 岁 □50 ~ 59 岁 □60 岁以上

3. 学历：

□高中（职）及以下 □专科 □大学 □硕士 □博士

4. 您在贵公司服务的年资有：

□1 年以下 □1 ~ 2 年 □2 ~ 4 年 □4 ~ 6 年 □6 ~ 8 年 □8 ~ 10 年 □10 ~ 12 年 □12 年以上

5. 您在贵公司的工作职级是：

□高层主管与同级专业人员 □中层主管与同级专业人员 □基层主管与同级专业人员 □一般职员 □现场作业人员

团队基本数据：

1. 您现在所参与的团队（部门）之成员人数为______人。

2. 贵团队（部门）成立至今已经______年零______个月。

3. 您参与本团队（部门）至今已经______年零______个月。

4. 贵团队（部门）的性质是属于：

□研发 □新产品开发 □质量提升 □总务 □营销企划 □生产 □业务 □采购 □人事 □客户服务 □财务会计 □其他__________（请说明）

感谢您辛苦填答。为了资料的完整性，请您回顾是否有漏答选项。

再次感谢您的支持！

研究课题组

参考文献

[1] Keck S. L. and M. L. Tushman. Environmental and organizational context and executive team structure [J]. Academy of Management journal, 1993, 36 (6): 1314 - 1344.

[2] 徐长江，时勘. 变革型领导与交易型领导的权变分析 [J]. 心理科学进展，2005，13 (5): 672 - 678.

[3] Day D. V. , P. Gronn and E. Salas. Leadership capacity in teams [J]. The Leadership Quarterly, 2004, 15: 857 - 880.

[4] James L. R. , R. G. Demaree and G. Wolf. Estimation within - group interrater reliability with and without Response Bias [J]. Journal of Applied Psychology, 1984, 69 (1): 85 - 98.

[5] Sosik J. J. , Avolio B. J. , Kahai S. S. Effects of leadership style and anonymity on group potency and effectiveness in a group decision support system environment [J]. Journal of Applied Psychology, 1997, 82 (1): 89 - 103.

[6] Schneider B. Organisational climate and culture [M]. San Francisco: Jossey - Bass, 1990.

[7] Smith K. G. , K. A. Smith, J. D. Olian, H. P. Sims, Jr. , D. P. O' Bannon and J. A. Scully. Top management team demography and process: The role of Social integration and communication [J]. Administrative Science Quarterly, 1994, 39 (3): 412 - 438.

[8] Bass B. M. and B. J. Avolio. The implications of transactional and tansforma-

tional leadership for individual, team, and organizational development [M]. Greenwich: B. M. Staw and L. L. Cummings (Eds.), Research in Organizational Change and Development, CT: JAI Press, 1990, 4: 231 -272.

[9] Edmondson A. Psychological Safety and Learning Behavior in Work Teams [J]. Administrative Science Quarterly, 1999, 44 (2): 350 -383.

[10] Judge T. A. and Piccolo, R. F. Transformational and transactional leadership: A meta - analytic test of their relative validity [J]. Journal of Applied Psychology, 2004, 89: 755 -768.

[11] Gerstner C. R. and Day D. V. Meta - analytic review of leader - member exchange theory: Correlates and construct issues [J]. Journal of Applied Psychology, 1997, 82: 827 -844.

[12] Burke C. S., Stagl K. C., Klein C., Goodwin G. F., Salas E. and Halpin S. Does leadership in teams matter? A meta - analytic integration [J]. Leadership Quarterly, 2004, 88: 432 -452.

[13] Bass B. M., B. J. Avolio. Multifactor leadership Questionnaire [M]. CA: Consulting Psychologists Press, 1993.

[14] Bennis W., B. Nanus. Leaders: Strategies of taking charge [M]. NY: Haper& Row, 1985.

[15] 李超平，时勘．变革型领导的结构与测量 [J]．心理学报，2005，37 (6): 803 -811.

[16] Rowden R. The relationship between charismatic leadership behaviors and organizational commitment [J]. Leadership & Organization Development Journal, 2000, 21: 30 -35.

[17] Langley Q. M. and Kahnweiler W. M. The role of pastoral leadership in the socio - politically African American church [J]. Organizational Development Journal, 2003, 21: 43 -51.

[18] Lewin K., Lippitt R. and White T. K. Patterns of aggressive behavior in experimentally created social climates [J]. Journal of Social Psychology, 1939, 10: 271 -301.

[19] Deluga R. J. The effects of transformational, transactional, and laissez faire leadership characteristics on subordinate influencing behavior [J]. Basic and Applied Social Psychology, 1990, 11: 191 -203.

[20] Bass B. M. Stogdill s handbook of leadership: A Survey of theory and research [M]. New York: Free Press, 1981.

[21] Bradford L. P. Lippitt R. Building a democratic work group [J]. Personnel, 1945, 22: 142 -148.

[22] Bass B. M. Leadership, psychology, and organizational behavior [M]. New York: Harper, 1960.

[23] Cassar V. Can leader direction and employee participation co - exist? Investigating interaction effects between participation and favourable work - related attitudes among Maltese middle - managers [J]. Journal of Managerial Psychology, 1999, 14: 57 -68.

[24] Bryman A. Charisma and leadership in organizations [M]. London: sage, 1992.

[25] Humphreys J. H. Transformational and transactional leader behavior [J]. Journal of Management Research, 2001, 1: 150 -159.

[26] Burns J. M. Leadership [M]. New York: Harper, 1978.

[27] Bass B. M. Leadership and performance beyond expectations [M]. New York: Free Press, 1985.

[28] Avolio B. J., Bass B. M., Jung D. I. Multifactor leadership ouestionnaire technical report [M]. Redwood City: CA Mind Garden, 1995.

[29] Masi R. J., Cooke, R. A. Effects of transformational leadership on subordinate motivation, empowering norms, and organizational productivity [J]. Leadership & Organizational Development Journal, 2000, 8: 16 -47.

[30] Northouse P. G. Leadership theory and practice [M]. London: Sage, 2000.

[31] Burns J. M. Leadership [M]. New York: Hawer&Row, 1978.

[32] Graen G. B., C. J. Cashman. A role - making model of leadership in formal organizations: A developmental approach [M]. Kent: Kent State University Press,

1975.

[33] Yammarino F. J. , A. J. Dubinsky. Fransformational leadership theory: Using levels of analysis to detenuine boundary conditions [J] . Personnel Psychology, 1994, 47 (4): 787 -811.

[34] Bass B. M. , Avolio B. The multifactor leadership questionnaire: Sampler set. [M]. New York: Hawer&Row, 2004.

[35] Lewin K. The conceptual representation and the measurement of psychological forces [M]. Durbam. NC: Duke University Press, 1938.

[36] Schneider B. Organizational climate: An essay [J]. Personnel Psychology, 1975, 28: 447 -479.

[37] James L. R. , Jones A. P. Organizational climate: A review of theory and research [J] . Psychological Bulletin, 1974, 81 (12): 1096 -1112.

[38] Tagiuri R. , Litwin G. Organizational climate: Explorations of a concept [M] . Boston: Harvard University Press, 1968.

[39] Anderson N. R. and West M. A. Measuring climate for work group lnnovation: Development and validation of the team climate inventory [J]. Journal of Organizational Behavior, 1998, 18 (4): 837 -847.

[40] Maslow A. H. A theory of human motivation [J] . Psychological Review, 1943, 50 (4): 370 -396.

[41] Zohar D. A group -level model of safety climate: Testing the effect of group climate on microaccidents in manufacturing jobs [J]. Journal of Applied Psychology, 2000, 85 (4): 587 -596.

[42] May D. R. , Gilson R. L. , Harter L. M. The psychological conditions of meaningfulness, safety and availability and the engagement of the human spirit at work [J]. Journal of Occupational and Organizational Psychology, 2004, 77: 11 -37.

[43] Edmondson A. C. Psychological safety, trust, and learning in organizations: A group -level lens [M] . In R. M. Kramer & K. S. Cook (Eds.), Trust and distrust in organizations: Dilemmas and approaches. New York: Russell Sage Foundation, 2004.

[44] James L. A. , James, L. R. Integrating work environment perceptions: Ex-

plorations into the measurement of meaning [J]. Journal of Applied Psychology, 1989, 74: 739 – 751.

[45] Schneider B. , Reichers A. E. On the etiology of climates [J]. Personnel Psychology, 1983, 36 (1): 19 – 39.

[46] Schein E. H. and Bennis W. Personal and Organizational Change [M]. New York: Group Methods Wiely, 1965.

[47] Golembiewski R. T. and McConkie M. The centrality of interpersonal trust in group process [M] . In Cary L. Cooper (ed), Theories of Group Process. London: Wiely, 1975.

[48] Kramer R. M. Trust and distrust in organizations: Emerging perspectives, ending questions [J]. Annual Review of Psychological, 1999, 50: 569 – 598.

[49] Klimoski R. and Mohammed S. Team mental model: Construct or metaphor [J]. Journal of Management, 1994, 20: 403 – 437.

[50] Edmondson A. Speaking Up in the operating room: How team leaders promote learning in interdisciplinary action teams [J]. Journal of Management Studies, 1999, 40 (6): 1419 – 1452.

[51] Schneider B. Organisational climate and culture [M]. San Francisco: Jossey – Bass, 1990.

[52] Day D. V. , P. Gronn and E. Salas. Leadership capacity in teams [J]. The Leadership Quarterly, 2004, 15: 857 – 880.

[53] Hinkin T. K. A brief tutorial on the development of measures for ise in survey questionnaires [J]. Organizational Research Methods, 1998, 1: 104 – 121.

[54] Edmondson A. C. Learning from mistakes is easier said than done: Group and organizational influences on the detection and correction of human error [J]. Journal of Applied Behavioral Sciences, 1996, 32 (1): 5 – 32.

[55] House R. J. A Path – goal theory of leadership effectiveness [J]. Administrative Science Quarterly, 1971, 16: 321 – 338.

[56] Shrivastava P. A Typology of organizational learning systems [J]. Journal of Management Studies, 1983, 20: 7 – 28.

［57］ Brown R. Politeness theory：Exemplar and exemplary ［M］. In I. Rock (ed) The Legacy of Solomon Asch：Essay in Congition and Social Psychological. NJ：Erlbaum，1990.

［58］ Cohen M. D. and D. A. Levinthal. Absorptive capability：A new perspective on learning and innovation ［J］. Adiministration Science Quarterly，1990，35：128 – 152.

［59］ Edmondson A. C. Speaking Up in operating room：How team leaders promote learn interdisciplinary action teams ［J］. Journal of Management Studies，2003，40：1419 – 1452.

［60］ Edmondson A. C. Learning from mistakes is easier said than done：Group and organizational influences on the detection and correction of human error ［J］. Journal of Applied Behavioral Sciences，1996，32（1）：5 – 32.

［61］ Llor' ns Montes F. J.，A. R. Morenol and V. Garci' a Morales. Influence of support leadership and teamwork cohesion on organizational learning，innovation and performance：an empirical examination ［J］. Technovation，2005，25：1159 – 1172.

［62］ Dechant K.，V. J. Marsick and E. Kasl. Toward a model of team learning ［J］. Studies in Continuing Education，1993，15（1）：1 – 14.

［63］ Howell J. and K. Hall – Merenda. The ties that bind：The impact of leadership – member exchange，transformational and transactional leadership，and distance on predicting follower performance ［J］. Journal of Applied Psychology，1999，84：680 – 694.

［64］ 黄家齐，黄荷婷. 团队成员目标导向对于自我与集体效能及创新之影响——一个多层次研究［J］. 管理学报（台湾），2006，23（3）：327 – 346.

［65］ Scott S. and R. Bruce. Determinant of innovative bhaviour：A path model of individual innovation in the workplace ［J］. Academy of Management Journal，1994，37：580 – 607.

［66］ Aolio B. J.，B. M. Bass and D. I. Jung. Reexamining the components of transformational and transactional leadership using the multifactor leadership questionaire ［J］. Journal of Occupational and Organizational Psychology，1999，72：

441 –462.

[67] Bass B. M. , B. J. Avolio. Improving organizational effectiveness through transformational leadership [M]. Thousand Oaks CA: Sage, 1994.

[68] Slater S. F. , J. C. Narver. Market orientation and the learning organization [J]. Journal of Marketing, 1995, 59 (3): 63 –74.

[69] Edmondson A. C. , Roberto M. A. , Watkins M. D. A dynamic model of top management team effectiveness: Managing unstructured task streams [J]. Leadership Quarterly, 2003, 14: 297 –325.

[70] Edmondson A. Psychological Safety and Learning Behavior in Work Teams [J]. Administrative Science Quarterly, 1999, 44 (2): 350 –383.

[71] Keck S. L. and M. L. Tushman. Environmental and organizational context and executive team strcture [J]. Academy of Management Journal, 1993, 36 (6): 1314 –1344.

[72] Nembhard I. M. and A. C. Edmondson. Making it safe: The effects of leader inclusiveness and professional status on psychological safety and improvement efforts in health care teams [J]. Journal of Organizational Behaviour, 2006, 27: 941 –966.

[73] Gersick C. J. G. and J. R. Hackman. Habitual routines in task – performing teams [J]. Organizational Behaviour and Human Decision Processes, 1992, 47 (1): 65 –97.

[74] Avolio B. J. , B. M. Bass and K. I. Jung. Re – examing the components of transformational and transactional leadership using the multifactor leadership questionnaire [J]. Journal of Occupational and Organizational Psychology, 1999, 72: 441 –462.

[75] Hackman J. R. Rethinking team leadership or team leaders are not music directiors [M]. D. M. Messick and R. M. Kramer (Eds.), New Directions in the Psychology of Ieadership [M]. NJ: Erlbaum, 2005.

[76] Shamir B. Social distance and charisma: Theoretical notes and an exploratory study [J]. Leadership Quarterly, 1995, 6: 19 –47.

[77] Williams M. Building genuine trust through interpersonal emotion manage-

ment: A threat regulation model of trust and collaboration across boundaries [J]. Academy of Management Review, 2007, 32 (2): 595 -621.

[78] Cohen S. G., Bailey D. E. What makes teams work: Group effectiveness research from the shop floor to the executive suite [J]. Journal of Management, 1997, 23: 239 -290.

[79] Cohen S. G. New approaches to teams and teamwork. in J. R. Galbraith, E. E. Lawler, & Associates (Eds.), Organizing for the Future [M]. The new Logic for Managing Complex Organizations, San Francisco: Jossey - Bass, 1991.

[80] Ledford G. E., Lawler E. E., Mohrman S. A. The quality circle and its variations [M]. in J. P. Campbell, R. J. Campbell & Associates (Eds.), Productivity in organizations. San Francisco: Jossey - Bass, 1988: 255 -294.

[81] Stein B. A., Kanter, R. M. Building the parallel organization: Creating mechanisms for permanent quality of work life [J]. Journal of Applied Behavioral Science, 1980, 16: 371 -386.

[82] Guinan P. J., Cooprider J. G., Faraj S. Enabling software development team performance during requirements definition: A behavioral versus technical approach [J]. Information Systems Research, 1998, 9 (2): 101 -125.

[83] Henderson J. C., Lee S. Managing I/S design teams: A control theories perspective [J]. Management Science, 1992, 38 (6): 757 -777.

[84] Ancona, Deborah G., Caldwell, David F. Bridging the boundary: External activity in performance in organizational teams [J]. Administrative Science Quarterly, 1992, 37 (14): 634 - 665.

[85] Mohrman S., et al. Designing team - based organizations [M]. San Francisco: Jossey - Bass Publishers, 1995.

[86] Hackman J. R. Group that work [M]. San Francisco: Jossey - Bass, 1990.

[87] Janz B. D., Colquitt J. A., Noe R. A. Knowledge worker team effectiveness: The role of autonomy, interdependence, team development, and contextual support variables [J]. Personnel Psychology, 1997, 50: 877 -904.

[88] Mankin D., Cohen S. G., Bikson T. K. Teams and techology: Fulfilling

the promise of the new organization [M]. Boston, MA: Harvard Business School Press, 1996.

[89] Dvir T., Eden D., Avolio B., Shamir B. Impact of transformational leadership on follower development and performance: A field experiment [J]. Academy of Management Journal, 2002, 45: 735-744.

[90] Howell J. M., Hall-Merenda K. E. The ties that bind: The impact of leader-member exchange, transformational and transactional leadership, and distance on predicting follower performance [J]. Journal of Applied Psychology, 1999, 84: 680-694.

[91] Kirkpatrick S. A., Locke E. A. Direct and indirect effects of three core characteristic components on performance and attitudes [J]. Journal of Applied Psychology, 1996, 81: 36-51.

[92] Walumbwa F. O., Lawler J. J. Building effective organizations: Transformational leadership, collectivist orientation, work-related attitudes, and withdrawal behaviors in three emerging economies [J]. International Journal of Human Resource Management, 2003, 14: 1083-1101.

[93] Bruce J. Avolio, W. Z. Williamkoh and Puja Bhatia. Transformational leadership and organizational commitment: Mediating role of psychological empowerment and moderating role of structural distance [J]. Journal of Organizational Behavior, 2004, 8: 23-28.

[94] 陈永霞，贾良定，李超平，宋继文，张君君．变革型领导、心理授权与员工的组织承诺：中国情景下的实证研究[J]．管理世界，2006，1：35-38.

[95] 李超平．变革型领导的结构、测量及其作用机制的研究[D]．北京：中国科学院心理研究所博士论文，2003.

[96] 李超平，时勘．变革型领导的结构与测量[J]．心理学报，2005，37(6)：803-811.

[97] Podsakoff P. M., MacKenzie S. B., Moorman R. H., Fetter R. Transformational leader behaviors and their effects on followers' trust in leader, satisfaction, and organizational citizenship behaviors [J]. Leadership Quarterly, 1990, 1: 117-142.

[98] Pillai R., Schriesheim C. A., Williams E. S. Fairness perceptions and trust as mediators for transformational and transactional leadership: A two - sample study [J]. Journal of Management, 1999, 25 (6): 897 - 933.

[99] Wang H., Law K. S., Hackett R. D., Wang D. X., Chen Z. X. Leader - Member exchange as a mediator of the relationship between transformational leadership and follower' s performance and organizational citizenship behavior [J]. Academy of Management Journal, 2005, 48 (3): 420 - 432.

[100] Sabine Boerner S. A. E., Daniel Griesser and K. University. Follower behavior and organizational performance: The impact of transformational leaders [J]. Journal of Leadership and Organizational Studies, 2007, 8: 55 - 59.

[101] 吴志明，武欣. 知识团队中变革型领导对组织公民行为的影响 [J]. 科学学研究，2006，24 (2): 283 - 287.

[102] 丁琳，席酉民. 变革型领导如何影响下属的组织公民行为——授权行为与心理授权的作用 [J]. 管理评论，2007，19 (10): 33 - 39.

[103] Howell Jane M, Hall - Merenda, Kathryn E. The impact of leader - member exchange, transformational and transactional leadership, and distance on predicting follower performance [J]. Journal of Applied Psychology, 1999, 84 (5): 680 - 694.

[104] Howell Jane M., Avolio, Bruce J. Transformational leadership, transactional leadership, locus of control, and support for innovation: Key predictors of consolidated - business - unit performance [J]. Journal of Applied Psychology, 1993, 78 (6): 891 - 902.

[105] Sosik J. J., Avolio B. J., Kahai S. S. Effects of leadership style and anonymity on group potency and effectiveness in a group decision support system environment [J]. Journal of Applied Psychology, 1997, 82 (1): 89 - 103.

[106] 徐长江，时勘. 变革型领导与交易型领导的有效性及作用机制——基于高等学校管理者的初步探索 [D]. 北京：中国科学院心理研究所博士论文，2005.

[107] Bass B. M., B. J. Avolio. Multifactor leadership ouestionnaire [M]. CA: Consulting Psychologists Press, 1993.

[108] MacKenzie S. B., P. M. Podsakoff, G. A. Rich. Transformational and transactional leadership and salesperson performance [J]. Journal of the Academy of Marketing Science, 2000, 29 (2): 115 - 134.

[109] Timothy A. J., F. P. Ronald. Transformational and transactional leadershi: A meta - analytic test of their relative validity [J]. Journal of Applied Psychology, 2004, 89 (5): 755 - 768.

[110] 陈文晶，时勘．变革型领导和交易型领导的回顾与展望［J］．管理评论，2007，19（9）：4 - 8.

[111] 徐长江，时勘．变革型领导与交易型领导的权变分析［J］．心理科学进展，2005，13（5）：672 - 678.

[112] Edmondson A. Psychological safety and learning behavior in work teams [J]. Administrative Science Quarterly, 1999, 44 (2): 350 - 383.

[113] Baer M., Frese M. Innovation is not enough: Climates for initiative and psychological safety, process innovations, and firm performance [J]. Journal of Organizational Behavior, 2003, 24 (1): 45 - 68.

[114] 唐翌．团队心理安全、组织公民行为和团队创新——一个中介传导模型的实证分析［J］．南开管理评论，2005，8（6）：24 - 29.

[115] Bass B. M. Leadership and performance beyond expectations [M]. New York: Free Press, 1985.

[116] Burns J. M. Leadership [M]. New York: Harper & Row, 1978.

[117] 郑美群．管理学（第二版）［M］．北京：高等教育出版，2005.

[118] Hackman J. Richard. The design of work teams [M]. In J. Lorsch (ed.), Handbook of organizational behavior Englewood Cliffs. NJ: Prentice - Hall, 1987.

[119] Wageman Ruth. The effects of team design and leader behavior on self managing teams: A field study [M]. Working paper, School of Business, Columbia University, 1998.

[120] Edmondson, Amy C. Learning from mistakes is easier said than done: Group and organizational in fluencies on the detection and correction of human error [J]. Journal of Applied Behavioral Science, 1996, 32: 5 - 32.

[121] Tyler, Tom R. and E. Allan Lind. A relational model of authority in groups, In Advances in Experimental Psycholgy [M]. New York: Academic Press, 1992.

[122] Argyris, Chris, and Donald Schon. Organizational learning: A theory of action perspective [M]. MA: Addison – Wesley, 1978.

[123] Markus Baer M. F. Innovation is not enough: Climates for initiative and psychological safety, process innovations, and firm performance [J]. Journal of Organizational Behavior, 2003, 24: 45 – 68.

[124] Busse R. The new basics: today' s employers want the "three Rs" and so much more [J]. Vocational Education Journal, 1992, 67 (5): 5 – 24.

[125] Alexander M. W. and Stone S. F. Student perceptions of teamwork in the classroom: An analysis by gender [J]. Business Education Forum, 1997, 51 (3): 7 – 10.

[126] McFarland W. P. Meeting of the minds: Recognizing styles of conflict management helps students develop "people skills" [J]. Vocational Education Journal, 1992, 67 (5): 7 – 26.

[127] Kunkel J. G. and Shafer W. E. Effects of student team learning in undergraduate auditing courses [J]. Journal of Education for Business, 1997, 72 (4): 197 – 200.

[128] Katzenbach J. and Smith D. The discipline of teams [J]. Harvard Business Review, 1993, 71 (2): 111 – 120.

[129] Guzzo R. and Dickson M. Teams in organizations: Recent research on performance and effectiveness [J]. Annual review of Psychology, 1996, 47 (30): 307 – 338.

[130] Devine D., Clayton L., Philips J., Dunford B. and Melner, S. Teams in organizations: Prevalence, characteristics, and effectiveness [J]. Small Group Research, 1999, 30 (6): 678 – 711.

[131] Porter G. Are we teaching people not to work in teams: Reflections on the team based assignments in the college classroom [M/OL]. Newyork: CSWT Proceedings, 1993 [2010 – 03 – 26]. http://www.workteams.unt.edu/proceed/porter.htm.

[132] McCorkle D., Reardon J., Alexander J., Kling N., Harris R. and Iyer V. Undergraduate marketing students, group projects, and teamwork: The good, the bad, and the ugly [J]. Journal of Marketing Education, 1999, 21 (2): 106 – 117.

[133] Venter I. and Blignaut R. J. Teamwork: Can it equip university science students with more rigid subject knowledge? [J]. Computers and Education, 1998, 31 (3): 265 – 279.

[134] Kunkel J. G. and Shafer W. E. Effects of student team learning in undergraduate auditing courses [J]. Journal of Education for Business, 1997, 72 (4): 197 – 200.

[135] Manzer J. and Bialik D. Team and group learning strategies for business and economics classes [J]. Business Education Forum, 1997, 151 (4): 5 – 32.

[136] Pfaff E. and Huddleston P. Does it matter if I hate teamwork? What impacts student attitudes toward teamwork [J]. Journal of Marketing Education, 2003, 25 (1): 37 – 45.

[137] Krug J. Teamwork: Why some people don' t like it [J]. Journal of Management in Engineering, 1997, 13 (2): 15 – 16.

[138] Adams S., Simon L. and Ruiz B. A pilot study of the performance of student teams in engineering education [M]. Montreal: Proceedings of the American Society for Engineering Education Annual Conference and Exposition, 2002.

[139] Bianey C. Ruiz Ulloa, Stephanie G. Adams. Attitude toward teamwork and effective teaming [J]. Team Performance Management, 2004, 10: 145 – 151.

[140] Lau D. C., Murnighan J. K. Demographic diversity and faultlines: The compositional dynamics of organizational groups [J]. Academy of Management Review, 1998, 23: 325 – 340.

[141] Phillips K. W., Mannix E. A., Neale M. A., Gruenfeld D. H. Diverse groups and information sharing: The effects of congruent ties [J]. Journal of Experimental Social Psychology, 2004, 40: 497 – 510.

[142] Mayer R. C., Davis J. H., Schoorman F. D. An integrative model of organizational trust [J]. Academy of Management Review, 1995, 20: 709 – 734.

[143] Dora C. Lau, J. Keith Murnighan. Interractions within groups and subgroups: The effects of demographic faultlines [J]. Academy of Management Journal 2005, 48 (4): 645 -659.

[144] Podsakoff P. M., MacKenzie S. B., Paine J. B., Bachrach D. G. Organizational citizenship behavior: A critical review of the theoretical and empirical literature and suggestions for future research [J]. Journal of Management, 2000, 26 (3): 513 -563.

[145] Organ D. W. Organizational citizenship behavior: The good soldier syndrome [M]. Lexington, MA: Lexington Books, 1988.

[146] Baer M., Frese M. Innovation is not enough: Climates for initiative and psychological safety, process innovations, and firm performance [J]. Journal of Organizational Behavior, 2003, 24 (1): 45 -68.

[147] Anderson C., John O. P., Keltner D., Kring A. M. Who attains social status? Effects of personality and physical attractiveness in social groups [J]. Journal of Personality and Social Psychology, 2001, 81: 116 -132.

[148] Bacharach S. B., Bamberger P., Mundell B. Status inconsistency in organizations: From social hierarchy to stress [J]. Journal of Organizational Behavior, 1993, 14: 21 -36.

[149] Benoit - Smullyan, E. Status, status types, and status interrelations [J]. American Sociological Review, 1944, 9: 151 -161.

[150] Ashford S. J., Rothbard N. P., Piderit S. K., Dutton J. E.. Out on a limb: The role of context and impression management in selling gender - equity issues [J]. Administrative Science Quarterly, 1998, 43: 23 -57.

[151] Detert J. R., Edmondson A. C. No exit, no voice: The bind of risky voice opportunities in organizations [R]. Harvard Business School Working Paper, 2005.

[152] Edmondson A. C. Speaking up in operating room: How team leaders promote learn interdisciplinary action teams [J]. Journal of Management Studies, 2003, 40: 1419 -1452.

[153] Milliken F. J., Morrison E. W., Hewlin P. F. An exploratory study of em-

ployee silence: Issues that employees don't communicate upward and why [J]. Journal of Management Studies, 2003, 40: 1453 - 1476.

[154] Morrison E. W., Phelps C. C. Taking charge at work: Extrarole efforts to initiate workplace change [J]. Academy of Management Journal, 1999, 42: 403 - 419.

[155] Ryan K. D., Oestreich D. K. Driving fear out of the workplace: How to overcome the invisible barriers to quality, productivity, and innovation [M]. San Francisco: Jossey - Bass, 1991.

[156] Brown P., Levinson S. C. Politeness: Some universals in language usage [M]. New York: Cambridge University Press, 1987.

[157] Kahn W. A. Psychological conditions of personal engagement and disengagement at work [J]. Academy of Management Journal, 1990, 33: 692 - 724.

[158] Baker R. G., Murray M., Tasa K. Quality in action: An instrument for assessing organizational culture for quality improvement [M]. Orlando: First International Scientific Symposium on Improving Quality and Value in Health Care, 1995.

[159] Hult G. T. M., Hurley R. F., Guinipero L. C., Nichols E. L. Organizational learning in global purchasing: A model and test of internal users and corporate buyers [J]. Decision Sciences, 2000, 31: 293 - 325.

[160] Madhavan R., Grover R. From embedded knowledge to embodied knowledge: New product development as knowledge management [J]. Journal of Marketing, 1998, 62: 1 - 12.

[161] Norrgren F., Schaller J. Leadership style: Its impact on cross - functional product development [J]. The Journal of Product Innovation Management, 1999, 16: 377 - 384.

[162] Shortell S. M., Rousseau D. M., Gillies R. R., Devers K. J., Simons T. L. Organizational assessment in intensive care units (ICUs): Construct development, reliability, and validity of the ICU nurse - physician questionnaire [J]. Medical Care, 1991, 29: 709 - 726.

[163] Yukl G. Leadership in organizations (3rd ed.) [M]. NJ: Prentice

Hall, 1994.

[164] Zimmerman J. E., Shortell S. M., Rousseau D. M., Duffy J., Gillies R. R., Knaus W. A., Devers K., Wagner D. P., Draper E. A. Improving intensive care: Observations based on organizational case studies in nine intensive care units: A prospective, multicenter study [J]. Critical Care Medicine, 1993, 21: 1443 - 1451.

[165] Baron R. A. Countering the effects of destructive criticism: The relative efficacy of four interventions [J]. Journal of Applied Psychology, 1990, 73: 199 - 207.

[166] Bass B. M. Bass and Stogdill' s handbook of leadership [M]. New York: Free Press, 1990.

[167] McGregor D. The human side of enterprise [M]. New York: McGraw Hill, 1960.

[168] Weick K. E. The reduction of medical errors through mindful interdependence [M]. In M. M. Rosenthal, & K. M. Sutcliffe (Eds.), Medical error: What do we know? What do we do? San Francisco, CA: Jossey - Bass, 2002.

[169] Dutton J. E. The making of organizational opportunities: An interpretive pathway to organizational change [M]. In L. L. Cummings, & B. M. Staw (Eds.), Research in organizational behavior. Greenwich, CT: JAI Press, 1993.

[170] MacDuffie J. P. The road to "oot cause": Shop - floor problem - solving at three auto assembly plants. Management Science, 1997, 43: 479 - 502.

[171] Garud R. On the distinction between know - how, know - why, and know - what. A. Huff, J. Walsh, eds [J]. Advances in Strategic Management, 1997, 14: 81 - 101.

[172] Anita L. Tucker, Ingrid M. Nembhard, A. C. E. Implementing new practices: An empirical study of organizational learning in hospital intensive care units [J]. Management Science, 2007, 53 (6): 894 - 907.

[173] Klein K. J., A. B. Conn, J. S. Sorra. Implementing computerized technology: An organizational analysis [J]. J. Appl. Psych, 2001, 86 (5): 811 - 824.

[174] Peterson. Crossing the quality chasm: A new health system for the 21st century institute of medicine [M]. Washington, D. C: National Academy Press,

2001.

[175] Edmondson A. C. , R. Bohmer, G. P. Pisano Disrupted routines: Team learning and new technology adaptation [J]. Administrative Science Quarterly, 2001, 46 (4): 685 – 716.

[176] Coleman J. Social capital in the creation of human capital [J]. American Journal of Sociology, 1988, 94: 95 – 121.

[177] Brown, Tomas Ford. Theoretical sunrays of social capital [R]. Working Paper, University of Wisconsin, 1999.

[178] P. S. Adler and S. Kwon. Social capital: Prospects for a new concept [J]. Academy of Management Review, 2002, 27 (1): 17 – 40.

[179] Leana C. Van Buren. Organizational social capital and employment practices [J]. Academy of Management Review, 1999, 3: 45 – 49.

[180] K. Pennar. The ties that lead to prosperity: The economic value of social bonds is only beginning to be measured [J]. Business Week, 1997, 11: 53 – 55.

[181] B. Elkjaer. Social learning theory: Learning as participation is social processes [J]. Easterby – Smith and Lyles, 2003, 8: 23 – 36.

[182] S. Gherardi, D. Nicolini and F. Odella. Toward a social understanding of how people learn in organizations: The notion of situated curriculum [J]. Management Learning , 1998, 29 (3): 273 – 298.

[183] W. Doise and G. Mugny. The social development of the intellect [M]. Oxford : Pergamon Press, 1984.

[184] I. Bogenrieder. Social architecture as a prerequisite for organizational learning [J]. Management Learning, 2002, 33 (2): 197 – 212.

[185] J. E. Dutton. Energize your workplace: How to build and sustain high – quality connections at work [M]. San Francisco: Jossey – Bass, 2003.

[186] Dutton J. E. , Heaphy E. D. The power of high quality connections. Positive organizational scholarship [M]. San Francisco: Berrett – Koehler Publishers, 2003.

[187] Dutton and R. E. Quinn. Positive organizational scholarship [M]. San Francisco : Berrett – Koehler, 2003.

[188] Carmeli, Abraham. Social capital, psychological safety and learning behaviours from failure in organisations [J]. Long Range Planning, 2007, 40 : 30 -44.

[189] Dutton J. E. , Ragins B. R. (Eds.) . Exploring positive relationships at work: Building a theoretical and research foundation [M]. Mahwah, NJ: Lawrence Erlbaum Associates, 2007.

[190] Gittell J. H. Coordinating mechanisms in care provider groups: Relational coordination as a mediator and input uncertainty as a moderator of performance effects [J]. Management Science, 2002, 48: 1408 -1426.

[191] Gittell J. H. Relational coordination: Coordinating work through relationships of shared goals, shared knowledge and mutual respect [M]. In O. Kyriakidou, & M. Ozbilgin (Eds.), Relational perspectives in organizational studies: A research companion. NewYork: Edward Elgar Publishers, 2006.

[192] Abraham Carmel, Jody Hoffer Gittell. High - quality relationships, psychological safety, and learning from failures in work organizations [J]. Journal of Organizational Behavior, 2009, 30: 709 -729.

[193] Abraham Carmeli1, Daphna Brueller and Jane E. Dutton. Learning behaviours in the workplace: The role of high - quality interpersonal relationships and psychological safety [J]. Systems Research and Behavioral ScienceSyst Res. , 2009, 26: 81 -98.

[194] Jeroen Schepers, Ad de Jong, Martin Wetzels, Ko de Ruyter. Psychological safety and social support in groupware adoption: A multi - level assessment in education [J]. Computers & Education, 2008, 51: 757 -775.

[195] Rhoades L. , Eisenberger R. Perceived organizational support: A review of the literature [J]. Journal of Applied Psychology, 2002, 87 (4): 698 -714.

[196] Eisenberger R. , Huntington R. , Hutchison S. , Sowa D. Perceived organizational support [J]. Journal of Applied Psychology, 1986, 71 (3): 500 -507.

[197] May D. R. , Gilson R. L. , Harter L. M. The psychological conditions of meaningfulness, safety and availability and the engagement of the human spirit at work [J]. Journal of Occupational and Organizational Psychology, 2004, 77: 11 -37.

[198] Mooij T. Optimising ICT effectiveness in instruction and learning: Multilevel transformation theory and a pilot project in secondary education [J]. Computers & Education, 2004, 42 (1): 25 -44.

[199] Chen G., Bliese P. D. The role of different levels of leadership in predicting self and collective efficacy: Evidence for discontinuity [J]. Journal of Applied Psychology, 2002, 87 (3): 549 -556.

[200] Mathieu J. E., Heffner T. S., Goodwin G. F., Salas E., Cannon - Bowers J. A. The influence of shared mental models on team process and effectiveness [J]. Journal of Applied Psychology, 2000, 85 (2): 273 -283.

[201] De Jong A., De Ruyter K., Lemmink J. Antecedents and consequences of the service climate in boundary - spanning self - managing service teams [J]. Journal of Marketing, 2004, 68 (2): 18.

[202] Nix G., Ryan R. M., Manly J. B., Deci E. L. Revitalization through self - regulation: The effects of autonomous and controlled motivation on happiness and vitality [J]. Journal of Experimental Social Psychology, 1999, 25: 266 -284.

[203] Christianson M. K., Spreitzer G. M., Sutcliffe K. M., Grant A. M. An empirical examination of thriving at work [M]. University of Michigan : Working Paper, 2005.

[204] Spreitzer G., Sutcliffe K., Dutton J., Sonenshein S., Grant A. M. A socially embedded model of thriving at work [J]. Organization Science, 2005, 16: 537 -549.

[205] Miller J. B., Stiver I. P. The healing connection: Therapy and in life [M]. Boston: Beacon Press, 1997.

[206] Ryan R. M. Frederick C. On energy, personality, and health: Subjective vitality as a dynamic reflection of well - being [J]. Journal of Personality, 1997, 65: 529 -566.

[207] Quinn R. W., Dutto J. E. Coordination as energy - in - conversation [J]. Academy of Management Review, 2005, 30: 36 -57.

[208] Ryan R. M., Deci E. L. Self - determination theory and the facilitation of

intrinsic motivation, social development, and well – being [J]. American Psychologist, 2000, 55: 68 – 78.

[209] Ronit Kark, Abraham Carmeli. Alive and creating: The mediating role ofvitality and aliveness in the relationship between psychological safety and creative work involvement [J]. Journal of Organizational Behavior, 2009, 30: 785 – 804.

[210] Amabile T. M. The social psychology of creativity [M]. New York: Springer – Verlag, 1983.

[211] Amabile T. M., Conti R., Coon H., Lazenby J., Herron M. Assessing the work environment for creativity [J]. Academy of Management Journal, 1996, 39: 1154 – 1184.

[212] Carmeli A., Schaubroeck J. The influence of leaders' and other referents' normative expectations on individual involvement in creative work [J]. The Leadership Quarterly, 2007, 18: 35 – 48.

[213] Amabile T. M. A model of creativity and innovation in organizations [M]. In B. M. Staw & L. L. Cummings. Research in Organizational Behavior, 1988, 10: 123 – 167.

[214] Oldham G. R., Cummings A. Employee creativity: Personal and climateual factors at work [J]. Academy of Management Journal, 1996, 39: 607 – 634.

[215] Tierney P., Farmer S. M., Graen G. B. An examination of leadership and employee creativity: The relevance of traits and relations [J]. Personnel Psychology, 1999, 52: 591 – 620.

[216] Amabile T. M. How to kill creativity [J]. Harvard Business Review, 1998, 76: 77 – 88.

[217] Janssen O., van de Vliert E., West M. The bright and dark sides of individual and group innovation: A special issue introduction. Journal of Organizational Behavior, 2004, 25: 129 – 145.

[218] Scott S. G., Bruce R. A. Determinants of innovative behavior: A path model of individual innovation in the workplace [J]. Academy of Management Journal, 1994, 37: 580 – 607.

[219] Denison D. R., Hart S. L., Kahn J. From chimneys to crossfunctional teams: Developing and validating a diagnostic model [J]. Academy of Management Journal, 1996, 39: 1005-1023.

[220] Kerr S., Ulrich D. Creating the boundaryless organization [J]. Planning Review, 1995, 23 (5): 41-45.

[221] Majchrzak A., Jarvenpaa S. L., Hollingshead A. B. Coordinating expertise among emergent groups responding to disasters [J]. Organization Science, 2007, 18: 147-161.

[222] Bechky B. A. Gaffers, gofers, and grips: Role-based coordination in temporary organizations [J]. Organization Science, 2006, 17: 3-21.

[223] Gibson C. B., Gibbs J. L. Unpacking the concept of virtuality: The effects of geographic dispersion, electronic dependence, dynamic structure, and national diversity on team innovation [J]. Administrative Science Quarterly, 2006, 51: 451-495.

[224] Kirkman B. L., Mathieu J. E.. The dimensions and antecedents of team virtuality [J]. Journal of Management, 2005, 31: 700-718.

[225] Marks M. A., DeChurch L. A., Mathieu J. E., Panzer F. J., Alonso A. Teamwork in multiteam systems [J]. Journal of Applied Psychology, 2005, 90: 964-971.

[226] Cappelli P. Career jobs are dead [J]. California Management Review, 1999, 42 (1): 146-167.

[227] Argote L., McEvily B., Reagans R. Managing knowledge in organizations: An integrative framework and review of emerging themes [J]. Management Science, 2003, 49: 571-582.

[228] Majchrzak A., Jarvenpaa S. L., Hollingshead A. B. Coordinating expertise among emergent groups responding to disasters [J]. Organization Science, 2007, 18: 147-161.

[229] Reagans R., Zuckerman E. W. Networks, diversity, and productivity: The social capital of corporate R&D teams [J]. Organization Science, 2001, 12:

502 – 517.

[230] Hackman J. R. Leading teams [M]. Boston: Harvard Business School Press, 2002.

[231] Ancona D. G., Caldwell D. F. Beyond task and maintenance: Defining external functions in groups [J]. Groups and Organization Studies, 1988, 13: 468 – 494.

[232] Hansen M. T. The search – transfer problem: The role of weak ties in sharing knowledge across organizational subunits [J]. Administrative Science Quarterly, 1999, 44: 82 – 111.

[233] Druskat V. U., Wheeler J. V. Managing from the boundary: The effective leadership of self – managing work teams [J]. Academy of Management Journal, 2003, 46: 435 – 457.

[234] Hirschhorn L., Gilmore. The new boundaries of the "boundaryless" company [J]. Harvard Business Review, 1992, 70 (3): 104 – 115.

[235] Hirst G., Mann L. A model of R&D leadership and team communication: The relationship with project performance [J]. R&D Management, 2004, 34: 147 – 160.

[236] Victor B., Stephen C. The dark side of the new organizational forms: An editorial essay [J]. Organization Science, 1994, 5: 479 – 482.

[237] Samer Faraj, Aimin Yan. Boundary work in knowledge teams [J]. Journal of Applied Psychology, 2009, 94 (3): 604 – 617.

[238] 林明杰，林鸿均，黄锦华，林信任，领导风格对团队学习之影响：团队心理安全的中介角色 [J]. 中华管理学报，2007，8 (3)：1 – 22.

[239] 陈国权，蒋璐．团队心理安全、团队学习能力与团队绩效关系的实证研究 [J]. 科学学研究．2008，26 (6)：12 – 15.

[240] McGrath J. E. Social psychology: A brief introduction [M]. New York: Holt, Rinehart & Winston, 1964.

[241] Hackman J. R., Morris C. G. Group tasks, group interaction processes and group performance effectiveness: A review and proposed integration. Advances in experimental social psychology [M]. New York: Academic Press, 1975.

[242] Ilgen D. R., Hollenbeck J. R., Johnson M., Jundt D. Teams in organizations: From input – process – output models to IMOI models [J]. Annual Review of Psychology, 2005, 56: 517 – 543.

[243] McGrath J. E., Arrow H., Berdahl J. L. The study of groups: Past, present, and future [J]. Personality & Social Psychology Review, 2001, 4 (1): 95 – 105.

[244] Salas E., Dickinson T. L., Converse S. A., Tannenbaum S. I. Toward an understanding of team performance and training [M]. In R. W. Swezey & E. Salas (Eds.), Teams: Their training and performance. Norwood. NJ: Ablex, 1992.

[245] Klein, K., Kozlowski S. W. J. Multilevel theory, research and methods in organization [M]. San Francisco: Jossey – Bass, 2000.

[246] Marks M. A., Mathieu J. E., Zaccaro S. J. A temporally based framework and taxonomy of team processes [J]. Academy of Management Review, 2001, 26 (3): 356 – 376.

[247] Sundstrom E., McIntyre M., Halfhill T., Richards H. Work groups: From Hawthorne studies to work teams of the 1990s and beyond [J]. Group Dynamics: Theory, Research and Practice, 2000, 4 (1): 44 – 67.

[248] John Mathieu M. T. M., Tammy rapp and lucy gilson. Team effectiveness 1997 – 2007—A review of recent advancements and a glimpse into the future [J]. Journal of Management, 2008, 34: 410 – 476.

[249] Argote L., McGrath J. E. Group process in organizations: Continuity and change. In C. I. Cooper & I. T. Robertson [J]. International Review of Industrial and Organizational Psychology, 1993, 8: 333 – 389.

[250] Goodman P. S. The impact of task and technology on group performance [M]. In P. Goodman & Associates (Eds.), Designing effective work groups. San Francisco: Jossey – Bass, 1986.

[251] Barrick M. B., Bradley B. H., Kristof – Brown A. L., Colbert A. E. The moderating role of top management team interdependence: Implications for real teams and working groups [J]. Academy of Management Journal, 2007, 50: 544 – 557.

[252] Srivastava A., Bartol K. M., Locke E. A. Empowering leadership in management teams: Effects on knowledge sharing, efficacy, and performance [J]. Academy of Management Journal, 2006, 49: 1239 - 1251.

[253] Bunderson J. S., Sutcliffe K. A. Comparing alternate conceptualizations of functional diversity in management teams: Process and performance [J]. Academy of Management Journal, 2002, 45: 875 - 893.

[254] Beal D. J., Cohen R. R., Burke M. J., McLendon C. L. Cohesion and performance in groups: A metaanalytic clarification of construct relations [J]. Journal of Applied Psychology, 2003, 88: 989 - 1004.

[255] Kirkman, B. L., Rosen, B., Tesluk, P. E., Gibson C. B. The impact of team empowerment on virtual team performance: The moderating role of face - to - face interaction [J]. Academy of Management Journal, 2004, 47: 175 - 192.

[256] Jehn K. A., Shah P. P. Interpersonal relationships and task performance. An examination of mediation processes in friendship and acquaintance groups [J]. Journal of Personality and Social Psychology, 1997, 72: 775 - 790.

[257] Kirkman B. L., Rosen B. Beyond self - management: Antecedents and consequences of team empowerment [J]. Academy of Management Journal, 1999, 42: 58 - 74.

[258] Tesluk P. E., Mathieu J. E. Overcoming roadblocks to effectiveness: Incorporating management of performance barriers into models of work group effectiveness [J]. Journal of Applied Psychology, 1999, 84: 200 - 217.

[259] Langfred C. W. Work - group design and autonomy—A field study of the interaction between task interdependence and group autonomy [J]. Small Group Research, 2000, 31 (1): 54 - 70.

[260] Mathieu J. E., Schulze W. The influence of team knowledge and formal plans on episodic team processperformance relationships [J]. Academy of Management Journal, 2006, 49: 605 - 619.

[261] Kirkman B. L., Tesluk P. E., Rosen B. The impact of demographic heterogeneity and team leader - team member demographic fit on team empowerment and ef-

fectiveness [J]. Group & Organization Management, 2004, 29 (3): 334 -368.

[262] Tjosvold D., Tang M. M., West M. Reflexivity for team innovation in China: The contribution of goal interdependence [J]. Group & Organization Management, 2004, 29: 540 -559.

[263] Perretti F., Negro G. Mixing genres and matching people: A study of innovation and team composition in Hollywood [J]. Journal of Organizational Behavior, 2007, 28: 563 -586.

[264] Kirkman B. L., Rosen B. Beyond self - management: Antecedents and consequences of team empowerment [J]. Academy of Management Journal, 1999, 42: 58 -74.

[265] Welbourne T. M., Johnson D. E., Erez A. The role - based performance scale: Validity analysis of a theorybased measure [J]. Academy of Management Journal, 1998, 41: 540 -555.

[266] Chen G. Newcomer adaptation in teams: Multilevel antecedents and outcomes [J]. Academy of Management Journal, 2005, 48: 101 -116.

[267] Chen G., Kirkman B. L., Kanfer R., Allen D., Rosen B. A multilevel study of leadership, empowerment, and performance in teams [J]. Journal of Applied Psychology, 2007, 92: 331 -346.

[268] Chen G., Klimoski R. J. The impact of expectations on newcomer performance in teams as mediated by work characteristics, social exchanges, and empowerment [J]. Academy of Management Journal, 2003, 46 (5): 591 -607.

[269] Lester S. W., Meglino B. M., Korsgaard M. A. The antecedents and consequences of group potency: A longitudinal investigation of newly formed work groups [J]. Academy of Management Journal, 2002, 45: 352 -368.

[270] Hiller N. J., Day D. V., Vance R. J. Collective enactment of leadership roles and team effectiveness: A field study [J]. Leadership Quarterly, 2006, 17: 387 -397.

[271] Van der Vegt, G. S., Bunderson J. S. Learning and performance in multidisciplinary teams: The importance of collective team identification [J]. Academy of

Management Journal, 2005, 48: 532 – 547.

[272] Barrick M. R., Stewart G. L., Neubert J. M., Mount M. K. Relating member ability and personality to work team processes and team effectiveness [J]. Journal of Applied Psychology, 1998, 83: 377 – 391.

[273] Pritchard R. D. Lessons learned about ProMES [M]. In R. D. Pritchard (Ed.), Productivity Measurement and Improvement: Organizational Case Studies. New York: Praeger, 1995.

[274] Pritchard R. D., Jones S., Roth P., Stuebing K., Ekeberg S. Effects of group feedback, goal setting, and incentives on organizational productivity [J]. Journal of Applied Psychology, 1988, 73: 337 – 358.

[275] Janz B. D., Colquitt J. A., Noe R. A. Knowledge worker team effectiveness: The role of autonomy, interdependence, team development, and contextual support variables [J]. Personnel Psychology, 1997, 50: 877 – 904.

[276] Janssen O., Van de Vliert E., Veenstra C. How task and person conflict shape the role of positive interdependence in management teams [J]. Journal of Management, 1999, 25: 117 – 141.

[277] Balkundi P., Harrison D. A. Ties, leaders, and time in teams: Strong inference about network structure' s effects on team viability and performance [J]. Academy of Management Journal, 2006, 49 (1): 49 – 68.

[278] Hiller N. J., Day D. V., Vance R. J. Collective enactment of leadership roles and team effectiveness: A field study [J]. Leadership Quarterly, 2006, 17: 387 – 397.

[279] Stewart G. L., Barrick M. R. Team structure and performance: Assessing the mediating role of intrateam process and the moderating role of task type [J]. Academy of Management Journal, 2000, 43: 135 – 148.

[280] 杨敏禧. 心理安全气氛与学习行为对组织学习的影响 [D]. 台湾: "国立"云林科技大学企业管理学系硕士班硕士学位论文, 2002.

[281] 刘云, 石金涛. 基于 KEYS 的组织创新气氛量表开发 [J]. 工业工程与管理, 2009, 14 (4): 105 – 112.

[282] Churchill, Gilbert A. A Paradigm for developing better measures of marketing constructs [J]. Journal of Marketing Research, 1979, 16 (1): 64 –73.

[283] Hinkin, Timothy R. A Review of scale development practices in the study of organizations [J]. Journal of Management, 1995, 21 (5): 967 –988.

[284] Hinkin T. K. A brief tutorial on the development of measures for use in survey questionnaires [J]. Organizational Research Methods, 1998, 1 (1): 104 –121.

[285] Hinkin T. R. and Schriesheim C. A. Development and application of new scales to measure the french and raven bases of social power [J]. Journal of Applied Psychology, 1989, 74 (4): 561 –567.

[286] Hair J. H. , Black W. C. , Babin B. J. , Anderson R. E. and Tatham R. L. Multivariate Data Analysis [M]. NJ: Pearson/Prentice – Hall, Upper Saddle River, 2006.

[287] 吴明隆. SPSS 统计应用实务：问卷分析与应用统计 [M]. 北京：科学出版社，2003.

[288] Fornell C. and Larcker D. F. Evaluating structural equation models with unobservable variables and measurement errors [J]. Journal of Marketing Research, 1981, 18: 39 –50.

[289] Nunnally J. C. Psychometric theory [M] New York, NY: McGraw –Hill, 1978.

[290] John Schaubroeck, Simon S. K. Lam, Sandra E. Cha. embracing transformational leadership: Team values and the impact of leader behavior on team performance [J]. Journal of Applied Psychology, 2007, 92 (4): 1020 –1030.